U0574233

陈先达 著

文化自信中的传统与当代

Confidence in Culture:
Past and Present

北京师范大学出版集团
BEIJING NORMAL UNIVERSITY PUBLISHING GROUP
北京师范大学出版社

前　言

历史是文化之根，是文化产生的土壤和活动舞台。只要考察中国历史的发展，就可以清晰地看到中国文化发展的进程。文化问题并不是脱离历史进程高悬于天空的纯精神领域，它与我国的历史发展密不可分。文化自信的传统与当代的关系表明，文化自信问题是一个既具历史性又具现实性的问题，它潜藏于中国历史的发展之中。

习近平总书记教导我们，"坚定文化自信，离不开对中华民族历史的认知和运用"。从文化自信角度考察传统与当代的关系，我们会发现在中国历史的长河中，我们经历过高度的文化自信、短期低谷和文化自信在当代中国重建的螺旋式的发展过程。当代中国，正处在重建对中华民族文化自信和中华民族复兴的伟大时代。

在长达几千年的历史中，中国从来不缺乏文化自信。作为世界四大文明古国的中国，有着灿烂辉煌的文化。毛泽东在《中国革命和中国共产党》中指出，"在中华民族开化史上，有素称发达的农业和手工业，有许多伟大思想家、科学家、发明家、政治家、军事家、文学家和艺术家，有丰富的文化典籍"①。在明中期以前，中国是世界上经济发达、国势强盛的国家，也是文化最发达的国家。商周时的典籍，战国时的诸子百家，汉代雄风，盛唐气象，两宋文化之高度发展，成为世界文化史的辉煌篇章。在秦始皇陵墓中发现的气势雄伟的兵马俑；汉墓中出土的马踏飞燕所显示的汉代奋发向上、豪迈进取的精神；《清明上河图》所展现的宋代发达的城市文明；以及明初郑和率领二百四十多艘庞大船队、近二万八千多船员，前后七次访问南洋和东非，充当传递和平之音的友好使者。我们的祖先是何等的自信。

当西方进入资本主义社会，并开始向外扩张和殖民时期，经过长期发展并处于成熟和高峰的中国封建社会，开始走向衰落。经历过两次鸦片战争、八国联军入侵和中日甲午战争后的中国，数不清的不平等条约像无数条捆住中国手脚的绳索和套在头上的枷锁。中华民族面临"亡国灭种，瓜分豆剖"存亡危机的同时，文化自信同样也发生危

---

① 《毛泽东选集》第 2 卷，第 622 页，北京，人民出版社，1991。

机。它的最突出表现就是丧失民族自信心，认为中国技不如人，船坚炮利不如人，文化不如人，总之，中国一切不如人。这段时期，应该说是中国文化自信的低谷时期。中国遭受着帝国主义文化和殖民文化的侵蚀。

马克思《中国革命和欧洲革命》这篇文章在论述当时中国问题时说：“历史好像是首先要麻醉这个国家的人民，然后才能把他们从世代相传的愚昧状态中唤醒似的。”①尽管摇摇欲坠千疮百孔的腐朽的清王朝，对列强予取予求采取卑躬屈膝以求苟安的卖国投降政策，但无数革命先烈和志士仁人，仍以“拼将十万头颅血，须把乾坤力挽回”的牺牲精神，奋起拼搏。中国近代史也是一部民族奋斗史。那些站在历史前列的革命者，是中华民族自强不息的优秀文化精神的化身。

中国共产党的成立，是中国历史上开天辟地的大事变。中国共产党继承了中华民族优秀文化传统，继承近代历史上中华优秀儿女不屈不挠的奋斗精神。历史经验证明：一个没有自信力的民族，是不可能自立于世界民族之林的；一个没有自信力的军队，是不可能战胜敌人的。中国共产党的成立以及它领导的武装割据斗争，开辟了中华民族复兴的新历史进程。这个进程也是文化自信的重建过程。

---

① 《马克思恩格斯选集》第 1 卷，第 691 页，北京，人民出版社，1995。

中国共产党在九十多年波澜壮阔的奋斗历程中，取得了一个又一个胜利，为中华民族的复兴做出了伟大贡献。中国共产党之所以能坚持战斗，在战斗中失败、失败中战斗，揩干牺牲同志身上的鲜血，继续前进，直到胜利，就是因为中国共产党人充满民族自信和文化自信。民主革命时期，从井冈山、中央苏区、长征，到延安时期和西柏坡的红色文化，是民族文化重建的革命时期，是对中华民族传统优秀文化在民主革命时期的传承和发展；社会主义建设和改革开放时期，中国共产党人的文化自信，表现为对中国特色社会主义道路、理论和制度的自信。

时代不同、社会制度不同、文化底蕴和历史传统不同，因而中国文化自信的重建，完全不同于西方殖民主义的海盗文化。中国的文化是和平的文化，而不是扩张的文化。在被资本主义世界封锁的情况下，我们完全依靠独立自主、自力更生，依靠党的领导和人民的力量进行社会主义建设；在经济全球化的背景下，我们通过深化改革开放，在世界交往中继续推进社会主义建设。中国向世界打开门是一种自信的表现。中国走的是和平发展道路，没有殖民、没有掠夺，只有互利共赢；没有血与火，没有战争，而是构建人类命运共同体。中国文化自信的重建和中华民族伟大复兴，是增强世界和平、防止战争的力量，是促进世界和平发展的力量。这与西方现代化进程中所伴随的殖民、战争和掠夺迥然不同。

在当代中国，面对中国道路取得的伟大成就，有些人仍然缺自信。他们认为中国应该走世界人类文明发展的共同道路，走所谓世界文明之路。在他们看来，西方的道路是世界文明的普遍道路。中国特色社会主义道路脱离世界文明，是沿袭自秦始皇以来中国封建社会的专制主义之路，是自外于世界潮流的道路。为什么西方资本主义道路就是世界文明之路，就是世界人类的共同道路，而一个有自己的历史传统、自己的文化传统、自己的国情的中国，为什么就不能走自己选择的道路呢？鞋子穿在自己的脚上，合不合适自己最清楚。别人有什么权力评论我的鞋子是否合我自己的脚？我们为什么要把评价鞋子是否合自己脚的话语权，交给别人呢！以西方人的偏见来衡量中国道路对错，实际上与用别人鞋子度量我脚上的鞋子是否合脚一样的荒谬。中国有"郑人买履"的寓言，那是宁愿相信鞋样而不相信自己脚的蠢人，这种蠢人用当代话说是教条主义，而以西方道路来评论中国道路也是一种教条，不过不是土教条而是洋教条。说轻点儿，是食洋不化，说重点儿，是"西方中心论"的流毒未消。当代中国由原来一个一穷二白的国家，成为当今世界的第二大经济体，中国的高铁里程是世界之最，中国各种基本建设、科学技术发展处于世界先进行列，不都证明了中国人的自信不是虚的，而是实实在在有史无前例成果的自信。

习近平说，历史是一面镜子。从历史中，我们能够更好地看清世界、参透生活、认识自己；历史也是一位智者，同历史对话，我们能够更好地认识过去、把握当下、面向未来。从中国历史上文化自信发展的螺旋式进程，我们可以清楚地得出这样的结论：文化自信与国家的综合国力的强大，与国家的统一和民族团结是命运与共、息息相关的。中国文化从传统到当代的发展，一脉相连，从未中断，虽经曲折，但没有其他几个文明古国那样历经帝国灭亡、国家分裂、文化碎片化的命运。中国通过民族文化融合始终是作为一个统一的、独立的国家存在和发展，中华民族文化的基本精神贯穿中国历史的发展和嬗变之中。只有民族自强才有民族文化的自信，反之，只有坚持文化自信，即使遭受民族危机也是暂时的，一定可以浴火重生，再度辉煌。可以说，当代中国已经一扫近代帝国主义侵略的屈辱。

中国近百年的历史发展也昭示一个真理，中华民族的伟大复兴、中华民族文化自信的重建，离不开中国共产党的领导、离不开马克思主义指导、离不开坚持中国特色社会道路。在中国，正是在中国共产党的领导下才重建了中华民族伟大复兴和文化自信。如果不推翻压在中国人民头上的三座大山，不获得民族独立和解放，一切都无从谈起。

中国近百年的历史发展也昭示我们，要坚持文化自信，必须正确处理文化的古今与中外关系。古今关系，是传统文化与当代文化的关系。我们要正确认识中华民族的优秀文化传统，要充分理解我们传统文化并能区分其中的精华与糟粕，这样才能认识我们的历史，认识过去；也只有立足现实，重视我们的红色文化和社会主义先进文化，才能把握当下，并展示我们的未来。

中外关系，是中华民族的本土文化和外来文化之间的关系。中华民族自古就善于吸取外来文化。无论是张骞通西域或汉唐时期佛教的传入，对中华民族文化的发展都发生过重要作用。闭关锁国是不利于国家和文化的发展的。在中国特色社会主义文化的重建中，我们从不拒绝西方优秀文化的吸取。中国对西方名著和西方著作的翻译和引进，远比任何一个西方国家对中国经典和著作的翻译引进都要多不知多少倍。

我们的未来，是在优秀传统文化与红色文化和社会主义文化辩证统一中向前发展的。割断传统与当代的辩证关系，只重视传统，轻视当代，从古书中寻找微言大义，把中国当下变成传统文化的注脚，就会走向复古、泥古；或者轻视传统文化，割断历史的联系性，当代文化就会成为无根落叶、无源之水，中国文化就会枯萎。同时，我们反对西方极具政治性的、别有用心的所谓"普世价值"观，绝不是拒绝西方优秀文化。中国文化应该充分吸取世界优秀文化，既要走出去，也要引进来，在文化交流中，重建我们的文化自信。

文化自信中的传统与当代问题，就是以马克思主义作为基本理论和方法，正确处理古今中外的关系。历史已经昭示了这个真理。

目录

——

上 篇

文化及其基本问题

/ 01

文化的定义与功能

　　文化是当今哲学关注的热点。西方有的学者宣称，世界哲学研究的重点已由科学哲学转向文化哲学。国内继20世纪80年代中期的文化热潮之后，近年来又有所谓文化热的第二次悄悄升温。我们的一些学者对文化的关注，表现了对建设社会主义文化的参与热情。

　　文化问题是个重大的理论和实践问题。对文化问题的深入探讨，使我们加深了对中国传统文化的历史地位和当代价值的认识，对批判继承中国传统文化必要性和重要性的认识，对全盘否定中国传统文化的一些"左"的或右的错误观点与做法危害性的认识。这些都非常有助于推进社会主义文化建设。但是在文化讨论中也确实存在一些值得商榷的问题。例如，按照唯物史观，究竟如何理解文化的本质？文化与政治的关系如何，社会主义文化能不能非政治化、非意识形态化？社会主义文化建设如何适应社会主义市场经济的需要？如何处理坚持马克思主义指导和弘扬传统文化的关系？能不能靠东方文化来化解西方社会的矛盾？这些都是一些重大的理论原则问题。正确认识这些问题，有助于文化讨论的深入和健康发展。

一、文化是精神生产的创造物

对文化本质的理解，歧见毕呈，众说纷纭。但在国内有一种非常流行的、占主导地位的说法：文化就是人化。

从人的角度考察文化，把人与文化结合起来，原则上是正确的。文化是人创造的，而人又是文化的产物，把人与文化割裂开来，既不能正确理解文化也不能正确理解人。但是，如果我们仅仅在人与文化的两极结构中思维，脱离人与文化借以存在的社会，往往陷入自相矛盾。

文化极具个性，一经产生，便独具风格。不同时代、民族和地区的文化存在着差异性和多样性。既然文化是人创造的，为什么文化呈现出如此多样性？我们只能说人是具体的、多样的，所以文化也是多样的，可为什么人是多样的？为什么不同时代、不同民族、不同地区的人会有所不同呢？因为文化是多样的，作为文化产物、文化凝结物的人是多样的。我们用人来解释文化，又用文化来解释人。我们自以为在做解释，实际上是在人与文化的怪圈中循环。兰德曼力图解决这个矛盾，他认为，"每一个人首先为文化所塑造，只是然后，他或许也会成为一个文化的塑造者"。他还说："对于个体来说，不仅平常的人，甚至最伟大的天才，他之作为被文化所形成的人远甚了作为文化的形成者。"①尽管分出了主次，但他的观点仍然局限在人与文化的圈子之中。

文化就是人化的定义，往往导致两个理论失误：

第一，唯心主义的大文化观认为文化就是人化。凡人类所创造的一切都是文化。这样，学者们把文化分为三个层次：观念文化，即人们的哲学、道德、法律、艺术、信仰等；制度文化，即各种经济制度、政治制度和各种组织；物质文化，即生产工具、物质产品以及各种建筑物、器皿等。在他们看来，物质文化和制度文化是文化的表层，最深层的是观念文化。物质文化和制度文化是观念文化的投影。可观念文化从哪里来？决定观念文化最深层的东西是文化心理结构。不过困境并不会因此轻易摆脱。人们还是要问：心理结构是如何形成

----

① ［德］马克思·舍勒：《哲学人类学》，第 217、229 页，北京，北京师范大学出版社，2014。

的？据说是文化的积淀。可文化从哪里来？据说是心理结构的外在表现。可这无非是把人与文化的关系做循环解释，变为人化与文化心理结构的相互解释。

第二，抽象人本主义的文化观。为了摆脱人与文化相互解释的困境，有的学者进一步肯定，文化是人的本质的展现。有的学者说文化是人摆脱了一切强制条件向自己本性的复归。至于人的本质是什么，其说各一。有的认为是自我意识，有的则认为是理性和精神。总之是人把自己内在的东西，如自我意识或理性外化为文化。我以为这种看法是一种抽象人本主义的观点。费尔巴哈就把人化看成人的固有内在本性的发挥，他说："精神作品并不是创造出来的——在这里创造只是最外在的活动而已——，它们是在我们里面发生出来的。"[①]

文化当然与人密不可分。文化是人类社会特有的，是自然物与社会存在的分界线。落霞、孤鹜、秋水、长天是自然，可"落霞与孤鹜齐飞，秋水共长天一色"的审美意境是文化；树木花草、山水虫鱼是自然，可公园里的湖光山色、鸟语花香属人文景观。毫无疑问，不同的文化凝结着人们不同的智力发展水平、不同的思维方式、不同的价值观念和审美情趣。但不能说文化是人的本质的展示和显现。因为，

---

① 《费尔巴哈哲学著作选集》下卷，第261页，北京，商务印书馆，1984。

人并没有永恒不变的抽象本质。人在展示自己的精神世界、创造力、价值观念和审美观念之前，必须获得这些。为了从内到外必须从外到内。因此，在考察人与文化关系时不应以人的抽象本质为中介，而应充分考虑到人的社会性和实践性。如果离开了这个基点，不把文化回归为人的本质、回归为人的自我意识和理性，就不可能说明人的精神创造力的源泉，也不可能说明人的精神活动的社会制约性和文化赓续性，从而导致对人与文化相互关系的理解难以突破抽象人本主义的樊篱。

西方有些哲学家和文化学家不赞同对文化的人本主义解释。例如，美国著名的人类学家莱斯利·A. 怀特就反对把文化和人联系在一起。他说："在作为科学的人类学产生以前，所有的文化解释理论都把人与文化联系在一起加以思考；没有人考虑到把文化与它的人类载体区分开来。"怀特强调要用文化来解释文化，把文化看作人类创造和运用符号的能力以及在此基础上建构的文化系统的自我决定、自我运动。用怀特的话说："文化是自成系统的，它既是依据自己的原则和规律而运行的一种事件和过程，并仅能根据它自己的因素和过程来加以解释。这样，文化可被认为是一种自足、自决的过程，人们只能根据文化自身来解释文化。"①怀特把文化看成一个系统，强调要研

---

① ［美］莱斯利·A. 怀特：《文化科学——人和文明的研究》，序第 2 页，杭州，浙江人民出版社，1988。

究文化自身的过程和规律以及文化的延续性和继承性是有启发的，但他把文化与人割裂开来，只强调用文化解释文化，把文化看成是自我决定的独立系统，实际上是把人的精神世界及其产品变成不依赖人的客观精神，也即一个与人无关的绝对观念的世界。这是把用文化解释文化的观点推到极端，把某些合理性的认识变成谬误。其实，如果离开了人的实践活动，抽象掉在人的活动中形成的经济关系和政治关系，文化就变为无源之水、无本之木，变为纯粹主观自生的东西。这就从另一条道路走向了文化神秘主义。

我以为，要正确理解文化的本质，科学地、历史地把握人与文化的关系，应该摆脱大文化观把人的一切创造物都称为文化的观点的束缚，把文化看成是由知识、信仰、哲学、法律、道德、艺术、风俗习惯等组成的观念形态。文化当然是人创造的，不过，它是处于一定社会形态中的人，直接或间接、自觉或自发地为适应和改造自己生存的环境（自然环境和社会环境）而进行的精神生产的产物。

物质生产方式制约着精神生产。从事精神生产的人，生活在一定的社会形态之中，他们不可能越出自己社会许可的范围创造自己的文化。尽管影响文化的因素是多样的，文化与经济的联系也由于许多中间环节而变得模糊，但物质资料生产方式在精神生产中的最终决定作用是确定无疑的。恩格斯说过："每一历史时期的观念和思想也可以极其简单地由这一时期的经济的生活条件以及由这些条件决定的社会关系和政治关系来说明。"①毛泽东关于文化的定义是非常著名的。他说:"一定的文化(当作观念形态的文化)是一定社会的政治和经济的反映,又给予伟大影响和作用于一定社会的政治和经济;而经济是基础,政治则是经济的集中的表现。这是我们对于文化和政治、经济的关系及政治和经济的关系的基本观点。"②这种观点与用人的本质解释文化,或用文化解释文化是迥然不同的。

马克思曾经非常尖锐地批评把精神生产同物质生产对立起来的观点,特别是强调要从具体的社会经济形态来考察特定时期的文化。他说:"要研究精神生产和物质生产之间的联系,首先必须把这种物质生产本身不是当作一般范畴来考察,而是从一定的历史形式来考察。例如,与资本主义生产方式相适应的精神生产,就和与中世纪生产方式相适应的精神生产不同。如果物质生产本身不从它的特殊的历史的形式来看,那就不可能理解与它相适应的精神生产的特征以及这两种生产的相互作用。从而也就不能超出庸俗的见解。这一切都是由于'文明'的空话而说的。"③

---

① 《马克思恩格斯选集》第3卷,第335页,北京,人民出版社,1995。
② 《毛泽东选集》第2卷,第663—664页,北京,人民出版社,1991。
③ 《马克思恩格斯全集》第26卷第一册,第296页,北京,人民出版社,1972。

既然物质生产决定精神生产，因此随着物质生产的发展，人类的文化也是进步的，认为人越来越堕落的观点是违背历史事实的。尼采的观点明显是悲观主义的，他说："人与动物相比，没有前进一步；文明的骄子相对于阿拉伯人或科西嘉人而言，是堕落者。"①但文化的进步不同于生产的进步。生产力发展是沿着上升路线前进的，生产方式的更迭也是如此。处在社会发展更高阶段的人，不会再回到过去，采用过时的生产工具和生产方式。文化的发展则不同。古希腊罗马的哲学包含着人类天才的智慧，古代的史诗和神话具有永久的魅力。中国春秋战国时期的诸子百家所代表的是中国文化史上的黄金时代。而且文化越古老，就越具有历史价值。尽管当今的不锈钢和玻璃器皿比出土的古代陶瓷瓦罐要漂亮得多、实用得多、坚固得多，但它们不具有文化历史价值。因为陶瓷瓦罐代表的是人类历史的足迹，是一个已经逝去的永远不会重复的年代。物质生产和精神生产的非同步性和不平衡性是存在的。但我们不能说，精神生产沿着下降路线是与物质生产的上升路线背道而驰的。我们应该说，文化同样是进步的。不同的是文化不像生产力进步那样是加速度的，如不停旋转的陀螺那样，而是如同万里群山，不断地有高峰和低谷。某一个民族有自己突出的文

---

① ［苏］格拉齐安斯基等：《世界著名思想家评传》，第372页，北京，商务印书馆，1993。

化发展高峰期，但可能随之而来的是文化的湮没、文化传统的中断或跌入发展的低谷。这种情况在人类历史中并不罕见。因此，文化发展是曲线的，但它归根结底是以物质生产为轴心而起伏波动的。

如果文化是观念形态，何以解释文明可以区分为物质文明和精神文明呢？在这里关键是文化和文明的区别。这两者可以交叉和部分重叠，但绝不等同。文明是标志社会进步的范畴。物质文明以生产工具和物质产品来表明社会进步的程度。由于衡量社会的标准是多方面的，所以文明区分为物质和精神两个方面。文化则不同。文化是表示社会形态结构的概念，它从精神生产的角度表明社会的构成和层次。如果泛文化化，把人类所创造的一切都称为文化，势必混淆物质生产和精神生产的界限，使整个社会结构模糊不清、难以分辨。

或许有人会说，文化不限于观念，它有其物质表现，例如，故宫的建筑、苏州的园林、龙门的石窟、普陀的庙宇、王羲之的书法、齐白石的绘画等。的确如此，文化不是完全存在于人的头脑之中的，它有物质载体。这种载体不仅是语言、文字符号系统，而且表现为实物。但实物之所以表现文化并不在于实物自身，而在于它所表现的文化观念。建筑的文化价值不在于砖头瓦块、钢材木料，而在于它的风格；书法的文化价值不在于文房四宝，而在于透过文字所表现的风骨和神韵。离开了作为观念形态的文化，所有的实物无非是僵死的材料，并不具有文化价值。这种看法不同于大文化观。因为在这里，物质仅限于文化观念的载体或外部表现，而不是泛指社会物质生产方式和人类的一切物质活动。人类社会的经济关系不属于文化范畴，而是作为观念形态的文化借以产生的经济结构。

二、文化是保持社会稳定和同一性的精神加固器

文化是包括多种形式在内的复合体。在阶级社会中，有的文化有阶级性，有的没有阶级性；有的政治性强，有的政治性弱，而且各有特殊效用。但文化作为一个系统，任何阶级社会占主导地位的文化中的意识形态部分，都起着维护社会稳定、保持社会延续的精神支柱作用。这种作用集中反映了阶级社会中文化的阶级性和政治性。

人的种族延续是通过生物遗传，而文化则是社会遗传的一种形式。这种遗传的社会作用，就是通过文化塑造与特定社会制度要求相一致的人，从而维护社会的同一性和稳定性。

文化之所以能起到这种作用，是因为文化尽管属于精神生产，但它可以通过语言文字以及其他物质载体，使其由个人意识变为社会意识，由主观精神变为客观精神，从而形成一种社会文化环境。我们每个人都生活在某种文化体系处于主导地位的社会中，它将对我们每个

人的一生产生巨大的影响。所谓人的社会化过程，就是接受文化的培育和熏陶的过程。即使没有受过正规教育，但社会风气和家庭环境，从小的耳濡目染，也往往使人被这种社会所"同化"。文化的确是在个体之外，不受单个意志支配而对个人具有强大制约作用的力量。生活在某一社会中的人并不感到文化的这种强制力量，这是因为我们习惯这种社会，习惯这种文化，习惯这种思维模式、价值观念和行为规则。正如生活在地球上的人并不感到空气的压力一样。可是当人们一旦试图反抗陈旧的社会制度，文化的强制力量就会非常明显地表现出来，会被固守旧的价值观念的人视为"叛逆"。所以，主体文化的一个重要作用，是培养一代又一代人对该社会制度的归属感和认同感。

西方发达资本主义国家的相对稳定和苏联的解体与蜕变，都极其鲜明地向我们表明了在社会主义和资本主义两种制度的斗争中，文化尤其是其中的意识形态部分是一个极其重要的领域。它既是西方资本主义制度赖以稳定的精神支柱，又是苏联社会主义溃败的一个重要原因。

自从《共产党宣言》宣告资本主义丧钟已经敲响后的一个半世纪中，西方发达资本主义国家尤其是美国，在几经危机之后仍然保持它的相对稳定的态势，无产阶级革命处于沉寂的低潮。在经历了20世纪上半叶的俄国、中国、东欧的革命风暴的震荡后，资本主义的航船又驶进了平静的港口。为什么？经济当然是重要原因。

美国的经济实力是强大的。科技革命推动了生产力的发展，海外市场与投资，使得美国成为富裕的发达国家。它有可能通过政策使国内的失业和贫困处在不危及社会延续的水平。

同时，我们绝不能忽视意识形态在资本主义稳定中的强大力量。首先是它的社会政治理论，立场坚定，旗帜鲜明，丝毫没有淡化意识形态。它的全部理论，最终集中到一点就是维护"自由"的资本主义制度，反对"极权"的社会主义制度。即使是友好人士，在涉及基本制度和基本理论问题时，原则性都是非常强的。例如，在《1999：不战而胜》这部著作中，作者明确宣称："苏联人企图不战而胜。我们的回答不能仅仅是不战而和。我们也必须争取不战而胜。""苏联人的目标是建立一个共产主义的世界。我们的目标是建立一个人民有权选择谁统治他们以及如何统治他们的自由世界。苏联人相信历史站在他们一边。我们必须保证在编写21世纪的历史时，历史站在我们这一边。"[①]这不仅是作者个人的观点，而且代表了西方资产阶级及其思想理论的整个政治趋向。

在资本主义社会中，在经济和政治上处于支配地位的统治阶级，

---

① ［美］理查德·尼克松：《1999：不战而胜》，第12页，上海，上海三联书店，1989。

要在思想文化中处于支配地位，必须培养自己的理论家。这些人"是这一阶级的积极的、有概括能力的思想家，他们把编造这一阶级关于自身的幻想当作谋生的主要泉源"①。没有本阶级的理论家、思想家，就很难实现主体文化的社会支柱作用。

可要真正发挥文化维护社会同一性的作用，仅仅依靠"精品文化"即高深的理论思想著作是不够的，还必须面对大众，通过所谓大众文化发挥它的作用。毫无疑问，大众文化中有不少属于娱乐性、消遣性和精神享受的东西，但其中往往渗透着由思想家、理论家炮制出来的有利于该社会的理论观点和价值观念。不过，这些观念不是以专著、论文的形式，而是借助于听觉和视觉，以通俗的、易于接受的方式出现的。资本主义社会的大众文化，由于意识形态的渗透，不仅为他们带来大量的利润，而且为支撑、巩固资本主义制度起着高雅文化所无法起到的作用。正因为这样，"统治阶级自然会千方百计地来加强、扶植和灌输"②。

在西方研究马克思主义的学者中，葛兰西看到了资本主义文化的作用，提出了文化领导权的问题。他认为，资产阶级掌握两种领导权：政治领导权和文化领导权。文化领导权是维护资产阶级统治的更

---

① 《马克思恩格斯全集》第3卷，第53页，北京，人民出版社，1960。
② 《马克思恩格斯全集》第46卷上册，第111页，北京，人民出版社，1979。

强有力的堡垒。无产阶级要夺取政权，首先要破坏资产阶级在文化领域、在意识形态领域的领导权，掌握文化领导权。而在取得政权之后，无产阶级仍然要十分重视文化领导权。所以，在葛兰西看来，工人只有获得了文化领导权后，才能获得政治上的权力。葛兰西的看法很富启发性，但却难以实行。无产阶级在夺取政权之前，当然要进行理论宣传，进行舆论准备，使无产阶级和革命群众摆脱资产阶级影响，但不可能掌握文化领导权。因为，整个舆论工具，电台、电视、报纸、学校等均掌握在有产者及其代表手中，无产阶级及其政党手中掌握的少量舆论工具无法与其相比，因此在无产阶级夺取政权之前要掌握文化领导权是不可能的。但葛兰西提出这个问题是非常有意义的。

法兰克福学派的赫伯特·马尔库塞所著《单向度的人》一书，是研究发达工业社会中意识形态的著作。这本书对于资本主义大众文化的作用也做了比较深入的揭示。在当代发达工业社会中，统治者成功地压制了人们心中否定性、批判性、超越性的向度，使无产阶级安于资本主义社会并与其一体化，即认同资本主义制度。其中一个重要原因，就是它通过大众传播媒介，无孔不入地侵入人们的闲暇时间，大肆宣传资本主义的拜金主义、享乐主义，使人们满足于追求眼前的物质需要，而不再追求另一种生活方式。使大家安于现实，就是这个制度对自身安全的最好保证。

如果说，富有统治经验的西方资产阶级比较成功地利用了自己的文化领导权，发挥了文化的意识形态功能，那苏联的解体和社会主义的挫折则从另一个方面提供了教训。

俄国十月革命后，在经济方面的成就并不小。虽然，它经历了国内战争和第二次世界大战的破坏，可在工业和科技方面成就仍然是巨大的。在20世纪70年代之前，它由沙皇时代落后的俄国，变为欧洲第一、世界第二、与美国争霸的超级大国。这是有目共睹的。它的落后和陷入经济混乱，主要在70年代之后。经济停滞、生活水平下降，引起群众不满。这说明，如果不发展生产力，不改善群众生活，在两种制度的斗争中，社会主义很难得到巩固。

然而，同样不可忽视的重要原因是思想领域。俄国革命是在一个落后的国家实现的。所谓落后，不仅是经济落后，而且是文化落后，即文盲充斥、教育不普及、人的文化素质低。这种状况，对于夺取政权似乎并无妨碍，因为革命更易发动，而且革命者和统治者处在同样的文化背景下较量。可一旦取得政权，在社会主义建设过程中，文化因素就显示出它的重要作用。尽管落后国家的社会主义革命，有可能跨过资本主义的"卡夫丁峡谷"，但绝不能在一个落后的经济和文化基础上建立一个稳固的社会主义制度。无产阶级的新政权必须在狠抓经济建设的同时，狠抓思想文化建设。特别是社会主义国家，必须坚持马克思主义指导，坚持文化建设的社会主义方向。十月革命后，在斯大林执政时期，犯有"左"的和教条主义倾向的错误。在文化建设中，没有解决好马克思主义如何与俄罗斯文化结合的问题；也没有解决好如何吸取优秀的西方文化的问题。从对亚历山大洛夫《哲学史》的批判看，以及从对黑格尔的评价看，表现的是一概排斥的态度。在大中学校中虽设有马克思主义政治课，但往往流于形式，没有把培养和塑造社会主义新人放在首位。1956 年以后又偏向另一面，由全盘否定斯大林，发展到否定列宁主义，否定马克思主义。除西方资产阶级的政治思想、社会民主主义思想广泛传播外，突出的是俄罗斯民族主义思想泛滥。苏联的教训充分证明，马克思主义必须与传统文化相结合，必须对传统文化进行分辨、梳理和合理继承。一概否定的结果必然是陈旧思想的卷土重来。这是社会主义文化建设的一个重要课题。

在这里，我只讲了主体文化功能的一个重要方面。文化功能是多方面的，它对人类知识的积累、人的主体素质的提高、社会的进步以及生活的丰富和美化都起着十分重要的作用。我们对文化的各种形式的性质和功能应该具体分析、深入研究。但我们在建设有中国特色社会主义文化的进程中，绝不能把非意识形态化和非政治化作为我们文化建设的指导原则。

三、市场经济下的文化建设

向社会主义市场经济体制的过渡，把社会主义文化建设置于一个前所未有的新的环境之中。我们关于社会主义文化建设的一切设想，都不能无视这一客观现实。

应该说，社会主义市场经济与社会主义文化建设不仅是相容的，而且前者对后者能起到推动作用。因为我们市场经济的社会主义性质，与我们文化的社会主义本质是一致的。从根本性质上说，我们不是建立与工业化相一致的所谓工业文化，也不是建立与市场经济相一致的市场经济文化，而是建立与我们的社会制度相一致的社会主义文化。这是一种以马克思主义为指导的、充分吸收中国传统文化和西方先进文化的积极因素、与社会主义基本经济制度和政治制度相符合的文化形态。

社会主义文化当然应该建立在社会主义经济基础上。如果我们不坚持以公有制为主体而实行私有化方针，如果不坚持按劳分配为主逐步达到共同富裕而导致两极分化，那在什么样的经济基础和政治基础上建立起社会主义文化，又有什么样的必要建立社会主义文化呢？难道我们要建立仅仅供少数富人享受，而把广大群众排斥在外的社会主义文化吗！事实上，只有坚持公有制和按劳分配为主体，只有公有制主体地位能得到巩固并能发挥它的调节作用，社会主义文化建设才是可能和必要的。因此，我们不能脱离社会主义基本制度，片面强调文化应该适应市场经济需要。世界上没有抽象的、一般的市场经济。我们实行的是社会主义市场经济；资本主义实行的是资本主义市场经济。这是两种不同性质的市场经济。如果我们以资本主义市场经济的原则为尺度，纯粹按"买卖人"的观点来规划我们的文化建设，那它们之间的矛盾是很明显的。市场经济追逐最大利润的原则妨碍文化的社会主义性质的确立和实现。不用说社会主义文化，即使是进步的、健康的资本主义文化同资本主义市场经济逐利原则之间的矛盾也是明显的、尖锐的。卢梭关于资本主义经济与道德的矛盾、马克思关于资本主义物质生产和精神生产发展的不平衡以及恩格斯关于资本主义制度"是一幅令人极度失望的讽刺画"等观点和说法，都揭示了这种矛盾。我们国家则不同。我们国家市场经济的社会主义性质，决定了市场经济的效应要受社会主义基本制度的约束。这样，在社会主义文化建设中，既可以充分发挥市场经济的积极作用，同时又有能力限制它的负面效应。建设完善的社会主义文化，关键在于要真正贯彻两手抓，坚决落实以习近平总书记为核心的党中央关于社会主义精神文明建设的方针和政策。

市场经济对于社会主义文化的建设有着积极的推动作用。文化市场的启动，有利于较多的资金向文化事业投入；适度的物质利益原则，有利于调动人的主动性和积极性，发挥潜藏的创造才能；适度的竞争原则，有利于打破以往的平均主义和大锅饭带来的弊端，使优秀人才和作品脱颖而出。文化企业的出现，可以在文化建设中注入市场机制的生机，有利于优秀文化产品的传播。更加重要的是，通过市场机制使文化更加面向群众、接近群众。我国大众文化的兴起，是市场经济条件下文化发展的一种有益的、进步的倾向。文化面向大众是社会主义文化本身的要求。文化不能只停留在少数文化人的圈子里，应该交给群众。列宁说过："过去，人类的全部智慧、人类的全部天才所进行的创造，只是为了让一部分人独享技术和文化的一切成果，而使另一部分人连最必需的东西——教育和发展也被剥夺了。然而现在一切技术奇迹、一切文化成果都将成为全民的财产。"[1]市场经济有利于文化的传播和普及，有利于青年一代多渠道地、多形式地获取文化科学知识。

但是我们应该清醒地看到，市场经济中的利润原则以及有可能滋生的拜金主义，会冲击社会主义文化的建设。因此，我们应该始终牢

---

[1] 《列宁全集》第33卷，第288—289页，北京，人民出版社，1985。

牢把握社会主义文化建设的方向。

在社会主义文化建设中，我们一定要导向正确。所谓导向，就是始终不偏离既定目标。我们的目标是建设有中国特色的社会主义。无论是市场经济，还是文化建设都要服从这个总目标。江泽民同志指出，有中国特色的社会主义是社会主义经济、政治、文化的统一整体。社会主义市场经济体制是同社会主义基本制度结合在一起的。我们在各方面进行的改革和现代化建设，其根本目的是为了充分调动工人阶级和广大人民群众的积极性、创造性，推动社会生产力的蓬勃发展和社会的全面进步，走共同富裕的社会主义道路。

导向问题的关键是指导思想。我们的指导思想是马克思主义，我们坚持指导思想的一元化。我们绝不能以文化形态的多样性和多层次性，否定指导思想的一元化。其实指导思想的一元化并不是社会主义独有的，在阶级社会中任何占统治地位的思想都是统治阶级的思想。不要说封建社会，就是号称"自由世界"的资本主义社会，虽然它的文化形态是多样的，但指导思想仍然是一元的。尽管资本主义社会形式上没有确立哪一学派为指导思想，但居于统治地位的必须是维护资本主义私有制、维护资产阶级政权、巩固资本主义制度的学说和理论。任何反对资本主义私有制、反对资本主义社会的思想绝对不允许上升为指导思想。马克思主义允许研究、讲授，但绝不允许处于统治地位。社会主义文化建设中指导思想一元化问题是原则问题。不仅对于人文学科、社会科学是重要的，对于市场经济下的大众文化同样重要。大众文化具有娱乐性、休闲性、趣味性，应该生动活泼、群众喜闻乐见，但也应该弘扬主旋律、提高品位、优化文化环境。

文化应该有市场。但我以为不能把全部文化推向市场，不能把市场化作为社会主义文化的方向。文化产品不能把利润作为唯一的原则，而应兼顾经济效益和社会效益，而且有时为了社会效益可以暂时牺牲经济效益。邓小平说："思想文化教育卫生部门，都要以社会效益为一切活动的唯一准则。思想文化界要多出好的精神产品，要坚决制止坏产品的生产、进口和流传。"①文化领域也不能简单引进竞争机制，实行所谓"优胜劣汰"、关停并转，要对某些文化种类和部门实行保护扶植政策，这样做有利于提高整个民族文化的素质。

市场的力量是巨大的，市场本身就具有一种导向作用。在社会主义市场经济条件下建设社会主义文化，要约束市场自发的、盲目的导向力量，加强思想导向，应该正确处理市场经济下文化建设中的两种关系：

第一，文化战线和文化市场的关系。在无产阶级革命和社会主义

---

① 《邓小平文选》第 3 卷，第 145 页，北京，人民出版社，1993。

建设时期的很长一段时间内，我们党一直把文化看成是一条战线。毛泽东在《在延安文艺座谈会上的讲话》中说过："在我们为中国人民解放的斗争中，有各种的战线，其中也可以说有文武两个战线，这就是文化战线和军事战线。"①现在只提文化市场不再提文化战线，似乎文化市场只是以货币为中介的精神产品的买卖关系，不再存在矛盾和斗争。这种看法是片面的。毫无疑问，现在的情况不同于党的十一届三中全会以前，更不同于无产阶级革命时期，但思想文化领域中的斗争仍然是存在的，有时甚至是很激烈的。西方资产阶级生活方式和腐朽思想的侵入、国内资产阶级自由化思潮和各种封建思想的沉渣泛起完全是可能的。在文化市场中设立一道防线，在加强法律手段的同时，应加强文化自身的自制力，即实行"双百方针"和展开必要的批评，这样才能使文化市场净化，有利于培养社会主义"四有"新人。

第二，文化战士和文化商人的关系。文化作为战线要求的是文化战士；而文化作为市场要求的只是文化商人，是精神产品的生产者和销售者。可我们是社会主义国家，我们的文化市场是社会主义文化市场。社会主义文化工作者的本质不是文化商人，文化经营当然应该考虑到市场、考虑到经济利益，但比经济效益更重要的是社会责任，这

---

① 《毛泽东选集》第3卷，第847页，北京，人民出版社，1991。

就是建设社会主义文化，巩固和完善社会主义制度。

文化发展与文化名人是密不可分的。中国文化在世界的突出地位，就是与中国历代的文化名人联系在一起。而文化名人的成就，又体现在他们的作品之中。每个民族的优秀文化往往凝集在它的传世之作中。在社会主义条件下，我们同样需要从青年一代中培养"文化名人"，甚至"国学大师"；我们也需要真正创造性地研究文化，尤其是中国传统文化的名篇佳作。我们的中青年学者中已有一批人崭露头角、才华出众，发表了有分量的论文和著作。但我们希望年轻一代能把坚持马克思列宁主义和弘扬中国传统文化结合起来，为建设社会主义文化做出贡献。

四、西方社会不可能依靠东方文化摆脱危机

对文化的考察离不开社会。人们都是在一定的社会背景下来考察文化的。可以说人们所处的社会环境制约着人们的文化观。

站在西方资本主义现代化的立场，人们很容易看到中国传统文化保守顽固的一面。持否定态度，可站在所谓"后工业社会"立场，即力图消除发达资本主义各种矛盾的人们，往往迷恋中国传统文化的宁静与和谐。似乎东方人和西方人各走一段在对方中发现自己的道路。

中国的"全盘西化"论者要从西方人那里寻找自己没有的东西；而为资本主义矛盾困扰的现代西方人又力图从东方文化中寻找自己失去的东西。我们绝不能为这种现象所迷惑，误以为东方文化可以成为西方社会自我解救的良药。

各民族都有自己的文化，它是为这个民族所固有的、为其生存条件所决定的。各民族的文化发展的程度和特点存在差异。例如，中国、印度、古代希腊罗马和埃及、巴比伦都曾经是文明古国，对人类文明做出过卓越贡献，但没有任何一种文化可以被认为是凌驾于其他民族文化之上的。文化的价值不是绝对的，而是具有相对性的。"一个完全用自己的文化作为准绳来判断其他文化的人，是一个民族中心主义者。"①

"西方中心"论者曾经把西方文化作为文明的典范向全世界推广，特别是向东方被压迫的殖民地国家推广。的确，由于资本主义市场经济的特点，西方资产阶级在把商品推向世界的过程中，也竭力宣扬自己的文化，企图按照自己的面目来塑造世界。《共产党宣言》指出："资产阶级，由于一切生产工具的迅速改进，由于交通的极其便利，把一切民族甚至最野蛮的民族都卷到文明中来了。它的商品的低廉

---

① ［美］恩伯：《文化的变异——现代文化人类学通论》，第26页，沈阳，辽宁人民出版社，1988。

价格，是它用来摧毁一切万里长城、征服野蛮人最顽强的仇外心理的重炮。它迫使一切民族——如果它们不想灭亡的话——采用资产阶级的生产方式；它迫使它们在自己那里推行所谓文明，即变成资产者。一句话，它按照自己的面貌为自己创造出一个世界。"①可是资本主义的殖民政策，虽然制造了一些殖民地半殖民地国家，却并不能把自己的文化强加于其他民族，反而会遭到被殖民国家的顽强反抗。中国100多年的反帝斗争，就包括文化战线上反对帝国主义殖民文化的斗争。

文化具有可传播性。各种文化的友好交流、融合、相互吸收是文化发展中的进步趋势。不同地区、不同民族的文化交流是常见的。历史上希腊古典文化就曾随亚历山大东征而在欧亚非广大地区传播。汉唐盛世，以儒家为核心的中国传统文化在日本、朝鲜、越南以及其他周边地区得到广泛传播。17世纪以后，以来华的天主教士为媒介，中国传统文化又深入欧洲。同样，印度佛教的传入对中国文化发生了巨大影响。在近代，西方资产阶级学者的著作如《物种起源》《原富》《天演论》《群学肄言》等对中国近代思想家的影响是巨大的。可是文化的交流和传播，绝不会导致用一种文化代替另一种文化。任何民族

---

① 《马克思恩格斯选集》第1卷，第276页，北京，人民出版社，1995。

都是在自己的文化基础上吸收别民族的文化。它不是使自己民族的文化融入其他民族的文化，而是通过吸收其他民族的文化来繁荣和发展自己的民族文化。

随着中国国际地位的提高和东亚经济的发展，以及西方社会矛盾的尖锐和价值观念的危机，东方文化的地位日益提高。很显然，西方社会可以从东方文化中得到很多教益。但是如果认为，东方文化将主导世界，并成为拯救处在各种危机之中的西方社会的唯一的文化，这很难令人信服。

西方的问题最根本的是社会问题。以生态危机、价值观念危机、家庭结构解体以及各种各样的社会问题所表现出来的危机，不是简单的文化危机，而是经济和政治制度的危机。没有任何一种外来文化能使西方社会摆脱困境，解决问题的钥匙和手段存在于西方社会自身。变革不合理的经济和政治制度，这才是最终的出路。能够依靠"天人合一"的观念来使西方走出生态危机吗？当然不能。这不是一个单纯的认识问题。从对人与自然关系的认识来说，西方生态学理论远远超出具有神秘色彩的"天人合一"理论，但也无法使他们走出困境。人与人的关系同人与自然的关系是结合在一起的。如果不在合理的人与人的关系基础上展开实践，就很难使人与自然的关系得到合理调整。恩格斯在《自然辩证法》中讲到人对生态环境破坏时说过一段非常深刻的话，他说："要实行这种调节，单是依靠认识是不够的。这还需要对我们现有的生产方式，以及和这种生产方式连在一起的我们今天的整个社会制度实行完全的变革。"①

我们不赞赏"东方文化主导"论，但更不同意中西"文化冲突"论。西方有些学者怀着对东亚儒家文化的恐惧，把不同地区和国家的冲突归结为文化问题，是他们对自身制度丧失信心的表现。各民族都有自己的文化，其中都包含着为其他民族缺少的珍品。文化的交流有利于世界和平和人类社会的进步。

我国的社会主义文化正在建设中。真正的文化热并未到来。现在所谓文化热，还只是停留在少数学者当中。毛泽东当年说过，随着社会主义经济建设高潮到来的一定有文化高潮。我们期待社会主义市场经济的确立能促进文化的繁荣。党中央确定的"科教兴国"的方针，就是促进经济发展和文化建设的方针。我们要始终记住：我们建设的是有中国特色的社会主义文化，不以马克思主义为指导就不是社会主义文化，而割断了中国文化传统就没有中国特色。

---

① 《马克思恩格斯全集》第 20 卷，第 521 页，北京，人民出版社，1971。

/ 02
文化的本质与基本形态

　　文化观念上的绝对主义是片面的，任何一种文化都有其合理性和必要性。文化的先进性主要表现为制度的进步性。中国传统文化中有许多先进性的因素，因此在中国现代化进程中，我们要把这些先进性因素变为当代中国的文化传统。在当代中国，处理马克思主义与中国传统文化之间的关系是一个具有导向性的新问题。中国传统文化具有包容性，但由于马克思主义与中国传统文化是不同时代的、具有不同社会功能的文化，两者的结合不会是简单的叠加，而是吸收和转化。

一、小文化与大文化

　　文化问题是中国特色社会主义建设中一个具有全局性、战略性的大问题，在日常生活和理论方面也是一个重大问题。在日常生活里，报纸也好，舆论也好，使用频率最高的词就是文化。喝酒有酒文化，喝茶有茶文化，吃饭有饮食文化，穿衣服有服饰文化，搞旅游有旅游文化，我最近还发现了高尔夫文化，前些年丰都城还出现了鬼文化。生活中到处是文化，文化变成一个高档品牌的标语了，哪里有文化哪里的品位就高。现在有这么一个问题，就是几乎每一个学科都讲所谓文化，道德讲人的文化，政治讲政治文化，打仗有军事文化，宗教有宗教文化。日常生活里这样，理论领域也是这样。至于民族，那就更不用说了。有什么样的民族，就有什么样的文化。例如，满族有满文化，蒙古族有蒙古文化，汉族有汉文化，这是按民族划分。当然，也有按地区划分的文化，自古都是这样的，河南有中原文化，江苏有吴文化，湖南有湘文化或者楚文化，江西有赣文化。基本上，文化无处不在。西方人说，文化是空气，无所不在，可抓又抓不住，谁也说不清楚什么叫文化。在 20 世纪 50 年代，美国有两个学者合著了一本关于讨论文化概念的书，书中说文化概念有 160 多种。现在，估计文化概念不下 200 种。

为什么大家都讲文化，可是又没有任何人能明确地说出什么是文化呢？这是由文化的特性决定的。文化具有广泛的渗透性，每一个领域都可以从自己的角度给文化下一个定义，形成了文化多元化的、各具特色的定义，使得文化很难被给予一个统一的、确切的、大家一致赞成的定义。我只能对现在所有的文化定义概括一下，用"一、二、三、四"这四个数来说明什么是文化。

"一"是讲一元化的文化定义。这个定义现在有很多人在用。什么是文化？文化是人类所创造的一切不同于自然界的东西。这是我们讲的"一"。表现在物质里面，我把它叫作物质文化；表现在人的组织和行为里面，我把它叫作制度文化；表现在人的观念里面，我把它叫作观念文化。总而言之，人所创造的一切不同于自然界的东西都叫作文化。我个人是不同意这个定义的。我认为，这个概念有它的优点和缺点。优点是它指明了文化是人所创造的这个特点。这个定义最大的缺点是没有区分文化与社会，也没有区分文化与文明。文化是物质文化、制度文化、观念文化，文明是物质文明、制度文明、观念文明。文化等于文明，文明等于社会，这一定义基本上是沿着这样一个思路展开的。在我个人看来，这个思路有两个缺点。第一，它说明不了文化是从哪来的。第二，它没有办法把文化和社会区分开来，它也没有办法把文明和文化区分开来。文明和文化是有区分的。文明是社会进步的概念，表明了社会进步的一种尺度，它与野蛮相对称。而文化是社会结构的概念，表明社会是怎么构成的。这两个概念不能画等号。文明大体上沿着社会形态的变化而变化，是一个前进的、上升的过程，依次有封建社会文明、资本主义文明、社会主义文明。我认为文化的发展就像万里群山一样，有高峰有低谷，战国时期诸子百家是高峰，唐诗、宋词、元曲、明清小说也各有高峰，后人很难超越。我们可以说，现在的文明发展程度远远超过唐代，但谁也不敢说我的哲学思维比老子、庄子的思维水平更高。文化和文明不是同步的。所以，这个定义有优点也有缺点。这就叫作"一"。

"二"比较简单。整个社会分为经济基础和上层建筑，文化就是上层建筑，经济基础和作为文化的上层建筑这两方面就是"二"。这个定义同样既有优点又有缺点。优点是简单明了地指明了文化的上层建筑的性质。缺点是比较狭隘，排除了非上层建筑的、属于文化形态的东西，包括逻辑、语言、技术等。

很长时期以来，我们使用的是三分法——政治、经济、文化。从马克思主义到毛泽东新民主主义论，再到我们党的十七大以前，基本上都是三分法。文化是不同于经济、政治的观念形态，政治、经济不等于文化，但是文化必然要渗透到政治、经济里面，这是十六大提出来的观点。三分法的优点是结构比较清楚，指出文化是不同于经济和政治的观念形态。

到了十七大，这一概念变成了四分——政治、经济、文化、社会，其中加入了"社会"方面的内容。现在我们讲四位一体，就是整个社会结构分为政治、经济、文化、社会四个部分。

"一、二、三、四"说起来好像很复杂，实际上就是二分概念。一个是广义的文化"一"，即大文化观。"二、三、四"属于一类，都是把文化看作观念形态的东西，这是我们通常讲得狭义的文化观，即小文化观。

大文化观就是人类所创造的一切都是文化。过去经常有人这样说，例如，梁启超就持这样的观点。他说："文化者，人类心能所开释出来之有价值的共业也。"文化就是人的生活样式，这基本上是大文化概念。小文化观把文化限制在观念形态上。西方著名的人类学家泰勒提倡小文化观念的定义，认为文化包括知识、信念、艺术、道德、法律、风俗习惯以及人的其他一些能力。陈独秀讲的也是小文化观，他认为文化就是文学、艺术、美术这一类的事。毛泽东新民主主义论讲的，整个社会分为政治、经济、文化，作为观念形态的文化是政治和经济的反映，观念性的文化又作用于政治和经济。这基本上也是一个小文化观。

从我个人来看，大文化观、小文化观从功能来说有各自不同的作用，大文化观对于人类学、考古学来说是有用的，如考古学里的仰韶文化、大汶口文化等，实际上讲的就是整个人类的生产观念的总的状况，包括生产工具、生活工具，也包括生产工具、生活工具所附带的观念。而狭义的文化观或者小文化观，是把文化限制在观念性上，对于哲学、社会学的研究来说是非常必要的，因为它能区分整个社会的结构。社会的构成要素包括政治、经济、文化三个方面，也可以被区分为物质和意识。大文化观是一个哲学概念，并无实用性，我们穿衣服不能穿文化、吃饭不能吃文化、喝酒不能喝文化。所以要区分社会结构、社会存在、社会意识，区分经济基础、上层建筑，必须在小文化观之下。只有通过这种小文化观，我们才能知道建设社会主义先进文化要建设什么。小文化观对于我们建设社会主义先进文化来说，是具有有效的指导作用的。要培养民族精神，培养创造力、凝聚力等，我们就必须发挥作为观念形态的文化概念的作用，而不能用无所不包的文化概念。所以文化只有作为观念形态的文化，才能显示其重要性，才能显示其对于经济政治的渗透性。我个人一直坚持的观点是，小文化观作为观念形态的文化是精神领域的东西。

根据文化唯物史观的观念，文化应该是社会结构的一个部分，它应该与经济政治相结合组成一个社会形态，一个社会结构，而不应该把文化等同于文明，等同于整个社会。在"文化是什么？"的问题上，我经常使用的是文化底蕴，即一种内涵。人与动物不一样，动物只有一种需要，就是生存的需要。人既需要物质生产来满足自己的生存需要，又需要文化来满足自己的精神需要，所以才有文化和物质之间的区分问题。如果把一切都称为文化，那就将物质生产与精神生产混在一起了。至于马克思一再强调，人是按两种尺度来建造的，结合外在自然尺度和自己内在的尺度，按照美的观念来进行生产，人是一种文化创造。所以动物只有一个世界，那就是它所依赖的自然世界，而人是有两个世界的，既有客观的自然世界，也有人自己所创造的世界，即人化的世界。人化的世界既包括人化自然，也包括人从改造世界中所创造出来的文化形态、观念形态。虽然我们说文化是观念形态，是精神领域，是意识世界，但绝不意味着文化是一种纯粹的观念。文化离不开物质，必须有物质载体，当然也离不开人与自然的关系。比如，树根不是文化，根雕才是文化；石头不是文化，石雕才是文化；沙土不是文化，沙雕才是文化；冰雪是自然物，冰雕却是文化。这是因为各种雕塑、各种艺术品都要人类对自然物进行加工，加上自然界本身没有的东西，多出来的一点东西就是人的文化观念、人的审美情趣。所以自然界不是文化，但是文化离不开人对自然的改造，离不开自然物质。

在文化里，有对于自然物的改造所形成的文化观念，也有一种虽然不对自然物进行改造，却可以通过对自然物的审美把握，形成具有象征性的、符号化的文化观念。但是这种象征性的文化也不能离开物质载体，它也是对自然物的一种把握。比如，大家知道夕阳、芳草都是自然物，但是"夕阳无限好，只是近黄昏"就变成了具有诗意的文化观念。又如，袁枚的《随园诗话》讲了这个问题，"夕阳芳草寻常物，解用都是绝妙词"。只要你能理解它，都是绝妙好词，这其实就是一种文化的把握了。再比如，山、水都是自然物，不是文化，但变成山水画就是文化了。山水画是中国绘画里非常重要的内容。天下的自然物，花鸟虫鱼都是自然物，但是艺术化以后，就都变成文化了。花的文化在中国文化里非常多，莲花代表高洁、牡丹代表富贵、菊花代表一种气节、杨柳代表送别，这都表现了一个民族所具有的文化象征，可是这种文化象征又不能够离开自然物本身的属性。这一点说明，文化虽然是观念的，但绝不能把它归结为内心世界，它离不开人与自然的关系，离不开人对自然的改造和把握。

文化不仅是一种审美观念，一种文学艺术，还包括各种实践的理论升华。哲学、道德、法律、宗教、风俗习惯等都是文化。总而言之，文化的观念世界是精神世界，也是以物质为载体的一种观念世界，而不是单纯的内心世界，所以文化离不开人与自然的关系，或者说离不开人对于自然的改造，离不开人对自然的艺术加工，离不开人对自然的审美把握。也就是说没有人与自然的关系，人类就不可能产生文化。文化不仅离不开人与自然的关系，也离不开人与人的关系，离不开社会关系。既然文化是一种观念形态、一种精神世界，表达的是人的情感、理性、精神，可是为什么同样都具有理性、具有精神、具有观念的人在不同的时代会有不同的文化观念呢？这是因为文化离不开每个时代的社会关系，包括经济关系、政治关系，也就是说文化是不能用人性来解释的，每一个时代的文化只能由它赖以产生的社会关系、经济关系、政治关系来解释。毛泽东在新民主主义理论里特别提出，观念性的文化是作为政治经济的一种反映。这就是我讲的什么是文化？文化是属于上层建筑的观念形态，但是它离不开物质载体，离不开人与自然的关系，更离不开人与人的经济关系、政治关系。

二、理论形态文化与世俗形态文化

文化有两种基本形态，世俗形态和理论形态。世俗形态分成三种：第一种是日常生活的文化观念；第二种是民间文化；第三种是大众文化。梁漱溟先生强调"文化是生活的样态"，大体上是指人的生活方式中的一种文化观念，是一种世俗形态的文化。因为人的日常生活观念处在同一个共同体里，有许多在生活方式中形成的一些共同的文化观念。这种世俗形态的文化观念、生活形态的观念具有不能广泛性、群众性、世俗性的特点。

比如，我们经常讲酒文化。酒怎么是文化呢？酒厂就是生产酒的工厂，它不是生产文化的工厂，但是酿酒的企业也有文化，这里不是指企业文化，因为不仅是酒厂有企业文化，生产其他种类产品的工厂也有企业文化。酒厂生产酒，不生产文化，那为什么还会有酒文化？酒不就是含有乙醇的饮料吗？它为什么会有文化？那是因为酒里面包含了许多文化观念，这些观念也是具有民族特性的文化观念。

在中国的文化观念里，酒与诗经常联系在一起，唐代诗人都喝酒，更是有"李白斗酒诗百篇，长安市上酒家眠。天子呼来不上船，自称臣是酒中仙"这样的佳作。酒和诗之间在中国文化里具有一种非常密切的关系，饮酒和赋诗被连在一起。酒不等于文化，诗人可以饮酒；但是饮酒之人不一定就是诗人，他也可以是酒鬼，他也可以酗酒。但中国的传统文化里诗人善于饮酒，这是一种文化观念。在中国的文化里，很多戏剧都以酒命名，包括贵妃醉酒、温酒斩华雄等，其实酒与戏剧之间也有一种很深厚内在的联系。

在中国文化里，酒和政治之间也有很密切的联系。中国历代王朝的皇帝对饮酒都是有限制的。周朝就发过文告，不能饮酒，不准酗酒，它以礼来限制酒。又如，《封神榜》中纣王作酒池肉林，因酒亡国。《参考消息》曾发过一篇文章《酒与苏联政治》，从斯大林到赫鲁晓夫，再到叶利钦，几乎没有一个不是酒精中毒的。至于鲁迅先生写的《魏晋风度及文章与药及酒之关系》，也特别提到了酒的问题。

在中国人的日常生活观念中，酒和生活方式之间的联系同样非常大。在中国，死了人要喝酒，结婚也得喝酒，酒既表示快乐，也可以用来表示悲哀。"何以解忧，唯有杜康"就是这样一种情愫。在中国，酒中有礼，敬酒须长幼有序、礼节适宜；同样，各种民族里面敬酒的方式也各不相同。所以，酒中的文化观念和生活方式是密切联系在一起的。

饮茶，作为特定的生活方式，也包含着文化内涵。例如，大碗茶是贫民的生活方式；《红楼梦》里贾宝玉去妙玉那的饮茶方式，是富贵人家的生活方式，至于《红楼梦》里描写的刘姥姥饮茶的那种牛饮的方式，是老百姓中低层群众的生活方式；文人也有文人的方式。日本人讲茶道，茶道其实就是茶文化。在中国人的茶文化中，接待宾客时敬茶是很重要的礼节，表示恭敬。现在，北京有很多茶艺馆，但这个茶艺馆不同于老舍《茶馆》里的那个茶馆了，那个茶馆基本上是基层的生活方式。现在到老舍茶馆品茶，已经是一种高雅的生活方式了，那里的文化气氛、茶叶、茶具、高昂的茶资，都不是老百姓的普遍消费方式，而是小资、白领的生活方式。另外，我们现在饮茶的方式和商业也是联系在一起的，它已经变成了高雅中渗透着世俗，世俗中也渗透着高雅的生活方式。

一个"吃"字里面包含的文化观念就更多了。什么东西能吃？什么东西不能吃？西方人吃牛肉、吃牛排，同时他们认为吃狗肉是野蛮。朝鲜人和韩国人就不懂了，怎么我吃狗肉就野蛮，你吃牛肉就不野蛮？西方人觉得狗是宠物，是不能吃的。那对农民来说牛就更珍贵了，比生命还重要。有的民族不能吃猪肉，也是一种民族文化观念、饮食文化观念。现在在"吃"的文化观念中更是加入了环保观念。有些东西就是不能吃，比如天鹅等珍惜动物是绝对不能吃的。环保观念其实也是一种文化观念。至于吃的方式，从古代的茹毛饮血到现在熟食，再到美食，表明文化观念的进步。至于饮食中所表现的礼节，更讲究面面俱到。儒家有一套规矩，什么人坐上面，什么人坐下面，什么人先吃，什么人后吃，都有一个尊卑长幼的次序，渗透着一种礼仪的严肃性。中国的传统文化讲，请客时东西越多越好，吃一半留一半，觉得那样做很有气节。在中国人的观念里认为，两个人一起吃饭，各自掏钱，AA 制，就是很小气的。但美国人认为这样的方式很正常，这就是一种文化观念。

生活方式的文化，就是指一种生活里面渗透的文化观念，而不是指吃本身。比如，服饰文化是文化中很重要的一种，通过服饰可以看到整个时代的变化、观念的变化，甚至男女平等关系的变化。法国有一个很有名的作家写到，你不要给我看历史，只要把各个时代的服装摆出来，我就知道那个时代是什么样子。可以说，整个服装的变化反映了人类的文化进步和文化观念的变化。比如，女孩儿穿的衣服，过去是越长越好，现在越短越好。这就是文化观念的变化。如果文化观念不变化的话，服饰也就不可能变化。所以，在生活方式里，吃穿住行都渗透着不同民族的生活习惯、不同民族的文化观念。

至于人们日常生活里面的风俗习惯，都是一种文化观念。这种文化观念有时候比法律的作用还要大，中国讲人情大于王法，所以，文化比法律更具有广泛性、群众性。

中国人对死亡的观念和西方人不一样。中国认为，人死了以后就到另外一个世界去了，所以古代有人殉、陪葬大量的物品，现在仍然存在的纸人纸马的习俗。现代的纸人纸马，扎的东西完全是现代化的，有桌子、洗衣机、电视机等。可以说，人们的生活方式的观念是现代的，可是死亡的观念还是过去的。

至于禁忌，这种文化观念的影响更大。在文化观念中有各种各样的禁忌，其中对中国人的影响比较大的是数字禁忌。数字禁忌在西方也有，当然在中国表现得更为明显。西方人认为13是很不吉利的，中国现在发展到五花八门了。4不能用，因为4意味着"死"；8是很好的数字，意味着"发"。从电话号码到汽车牌、门牌号码都是这样的。数字禁忌的产生并非偶然，它和人对自己的安全感密切联系在一起，特别是在市场经济条件下，人的命运不能自己掌握，而是由物来掌握的，实际上这是一种物化的表现。人们要想摆脱这个偶然性，只能借助迷信。现在，到宗教寺院里拜菩萨的人越来越多，原因在于人们不相信自己能掌握自己的命运，所以他就相信有一个东西能保护他，那就是神灵、数字、运气。

人的生活方式中包含文化观念，而生活方式本身并不是文化。人们不能吃文化、穿文化、住文化。有的人没有弄清楚这一点，以为生活方式中吃本身、酒本身就是文化。其实酒不是文化，茶叶也不是文化，但是饮茶里面有文化，饮酒里面有文化，也有观念、礼节、尊卑。中国人在聚餐宴请时对于座次的安排也体现了一种文化观念。美国有一个人类学家认为，虽然文化显然是一个重要的决定因素，但是文化本身并不包含行为。整个文化包括社会结构、社会组织、社会制度本身。社会包含社会结构、社会组织和行为，它们本身不是文化，而是其中渗透着文化。十七大报告里讲，文化渗透在经济和政治里面，但是政治本身和经济本身不等于文化。

文化除了我们日常生活中的文化观念以外，还包括民间文化，如民间工艺、民间音乐、民间文学、民间舞蹈、民间传说、民间信仰、民间风俗习惯等。这是真正的具有群众性的文化，它与普通老百姓的日常生活紧密相连，是从群众土壤中生长出来的，又流行于民间。民间文化的第二特点是良莠不齐，有好的东西，也有很多糟粕。

还有一种文化就是我讲的理论形态的文化。理论形态的文化包括两个层次，一个层次是意识形态的部分，如哲学、法律、文学、艺术、道德等，其中包含世界观、价值观、人生观；另一个层次是非意识形态的部分，包括科学、技术、语言等，属于知识的部分。理论形态的文化和民间文化不一样，民间文化的创造者是老百姓，并且和老百姓血肉相连。而理论形态的文化很多是由专业人士所创造的，是一种具有专业性的文化形态。这种文化形态，是古代劳动分工以后逐步形成的一部分知识分子专门从事理论形态的文化创造，它包括各个民族的传世经典之作。这种文化我们一般称为高雅文化。

　　文化的理论形态和世俗形态，虽然是两种形态的文化，但是并不是对立的，也不是截然分开的，而是相互影响的。世俗文化里的文化观念，有很多可以上升为理论形态的文化。也就是说，世俗文化可以提升到理论形态，而理论形态的文化可以通过世俗化的方式转化为世俗文化，成为影响人们的行为规范。儒家文化在中国之所以产生这么深远的影响，就是因为它不限于内容，深深的渗透在中国人的血脉之中，变成一种民间的世俗文化。例如，不认字的老太太、妇女都要讲所谓三从四德等。儒家之所以能够发挥作用，无非是由于两条道路，一条是科举，一条是世俗。科举培养的是知识分子；世俗则是用来培育老百姓的，使它的观念变成群众性的观念，就是世俗文化。中国人讲人伦、讲孝道，朋友之间讲义气、讲仁义，实际上都是理论形态文化世俗化的结果。所以，中国农村的老百姓可以不知道什么是孔夫子影子，但是他的思想里面实际上有孔夫子影子。我们现在提倡马克思主义大众化，就是这个道理。马克思主义是高雅文化，只有少数马克思主义研究者才能研究，它看似与广大群众没有关系，对群众日常生活似乎也没有多大影响。所以，理论形态的文化要真正发挥作用，必须通过世俗化的途径，现在，我们把这一途径称作大众化的途径。

在人们的观念里，一般都重视高雅文化，却不太重视世俗文化，也不太重视民间文化。实际上真正能够表达一个民族的本质特征的往往是民间的东西，即世俗化本身。因为，它与一个民族的日常的生活方式、行为规范紧密结合在一起。从整个世界发展来看，科学技术发展的最大特点是趋同性。你们那里有电视机，我们这里也有电视机；你们那里有汽车，我们这里也有汽车；你们那里有高速公路，我们这里也有高速公路；你们那里有摩天大楼，我们这里也有摩天大楼。而且马路、汽车、电视机、互联网将来的发展都差不多。只有文化，特别是民间文化、世俗文化具有多样性，也能够表现一个民族的特点。所以，要了解一个民族，必须了解它的民间文化、世俗文化。

无论是理论文化，还是世俗文化，都具有极为深刻的民族性。翻译经常碰到这个问题：你可以把一本书翻译成中文，但是你无法把产生这种书的文化背景翻译过来，所以读者通过翻译的理解总是有隔膜的。例如，从刚上学的小孩到年迈的老人，大家都知道李白的《静夜诗》：床前明月光，疑是地上霜；举头望明月，低头思故乡。这二十个字，人们从小学读到退休，依旧津津有味。但是，一旦翻成英文，外国人绝对不可理解，抬起头来看月亮和低下头来思故乡有什么关系？这算什么诗？他们不理解中国文化背景里对月亮和思念家乡的情绪之间的文化联系，他没有这种观念，因此也就无法理解整首诗。中国人的乡愁和月亮之间存在一种文化上的关系，所以中国人才可能理解李白这二十个字所蕴含的文化内涵。

以上是文化在宏观的划分：文化包括理论形态的文化和世俗文化。

文化还有另一种划分，即物质文化和非物质文化。我要解释一下，物质文化绝不是物质。物质文化就是能够以物质载体传承下来的文化。龙门石窟也好，敦煌石窟也罢，都是物质文化。非物质文化就是通过世代传承的，如口头文学或者泥人张等，没有物质载体。所以，非物质文化是很容易失传的。现在特别强调保护非物质文化遗产，因为一旦传人没有了，文化也就断了。

三、文化的多元性、相对性以及文化的先进与落后

文化非常重要，但不能说文化决定一切，文化决定论不是马克思

主义的观点。文化并不是社会发展的决定因素，它对社会发展产生的是在经济基础上的反作用。如果一个社会经济凋敝、民不聊生、政治腐败，仅仅拥有丰富的文化经典是无济于事的。中国传统文化很优秀，但抵挡不了中国鸦片战争以后的衰败。我们现在所说的中国文化复兴，是因为中华民族在经济、政治上复兴了，才有可能谈及文化复兴。世界上很多民族都有自己的文化传统，包括希腊、埃及、印度、巴比伦，不论文化优越性和传承性多么成熟，一旦经济政治落后，照样会走向衰败。所以文化不是决定性的，但是文化是非常重要的，是精神支柱，也是凝聚力。我们应该重视文化，但是文化进步必须依赖于政治、经济的发展。党的十七届五中全会提到经济增长方式的转变，并在这个基础上讲文化的渗透力、文化的作用。所以，我们不仅要知道什么是文化，还要特别强调应该坚持社会主义的先进文化。

社会主义文化当然是先进文化，但是中华民族文化中的优秀传统，中华民族文化中的基本精神和理想同样也包含着我们当代可以吸取的、可以借鉴的、具有先进性的文化因素。先进文化的问题，实际上是文化判断的标准问题。在判断文化是否先进的标准这一问题上，文化相对主义和文化绝对主义都是片面的。

文化当然具有相对性，其中特别是风俗习惯的相对性是很明显的。一位美国学者写过一本书叫《文明与野蛮》，里面举了一个例子：

在很多国家，朝人的脸上吐唾沫是最大的侮辱，可是在非洲有一个民族，魔法师对着病人或者孩子吐唾沫，则是一种治疗疾病的方法。礼节方面也是这样，中国人握手，西方人拥抱、贴面。承认文化的相对性，就是承认世界文化的多元性，承认世界各个民族的文化都有其存在的价值和合理性。就民族关系来说，并不存在一种绝对优越于其他民族的所谓优越文化，每一个民族的文化对于自己的生存条件来说，都有它的合理性和必要性，否则它就不会产生。

每一个民族的文化都有优劣之处。一个民族由于它自身所处的生活条件包括地理环境不同，体现在文化方面也是多样的。文化的多元性和民族的多元性是结合在一起的。我们不可能以任何一个民族的文化作为一个标尺来衡量其他民族的文化，也不可能找到一种作为标准的所谓普世价值来衡量世界其他民族的文化。如果不承认民族文化的相对性，也就是否认其他民族存在的权力。因为，文化的相对性和民族的特殊性是相互结合的。所以，在联合国大会关于人权的宣言里，是把文化的多样性和人权问题结合在一起的，主张各个民族之间、文化之间应该宽容、应该相互重视、相互合作。一个民族的民族精神，也就是这个民族文化中的精华，是这个民族长期凝聚和世代延续的核心。所以，文化相对性包含着合理的因素，就是承认各个民族的文化都有存在的平等权利，强调各个民族的文化中都有合理的因素。这种文化相对性的观念是反对西方文化中心论、反对种族优越论、反对各种殖民主义帝国主义文化的理论。文化的相对性就是承认世界各民族文化的多元性、多样性。正因为民族文化是多样的、相对的，所以世界文化本身才得以不断发展，才能够绚丽多彩。

就文化本身来说，各种文化之间的矛盾不可避免，但是可以通过交流相互吸收，相互融合大于相互矛盾。而如果利益不同，利益相互结合的可能性就小于相互冲突。所以，我一再认为经济是可以全球化的，但文化全球化是不可能的，即不可能形成一个全球一体的文化。我们强调文化的多元性、相对性和等价性，强调任何文化对于自己民族的生存条件来说都具有合理性，但是这种相对性不能绝对化，如果绝对化就变成了保护落后，即为一切不合时宜的落后文化进行辩护。所以，民族文化的多样性问题是从国家和民族之间的关系来说的。

对一个民族文化内部来说，文化仍然有先进与落后的区分。现在男女平等的文化观念比封建社会的男尊女卑的观念要进步，一夫一妻制比三妻四妾观念进步，不能说男女平等的观念和男尊女卑观念一样，都是相对主义的。所以，我们批评辜鸿铭，他虽然是文化大师，但是他的文化观念相当陈旧，他认为包括梳辫子、纳妾、抽大烟都是东方文化的精华，认为中国的很多封建性的东西都比西方的自由观念、平等观念好。文化还是有先进和落后之分的。文化具有相对性，但这个相对性不能绝对化，如果将文化的相对性绝对化就变成绝对主义了。

我们把五四以前的文化称为中国传统文化，这和文化传统既有联系又有区别。传统文化是历史上已有的文化积累，而文化传统是传统文化在当代的继续和发展。传统文化和文化传统是两个不同的概念。当然没有传统文化也谈不上文化传统，但是如果不继承、不发展传统文化，那传统文化就会枯萎，就会中断，甚至消失。世界文化史上，有很多优秀的传统文化因为没有文化传统最终都消失了。

中国传统文化最显著的优点或者特点就是中国传统文化有传有统，传是一代一代传下来，统是一以贯之。中国的传统文化是发展过程中没有中断的文化，也是在不同时期存在巨大差别的文化。所以，我们要爱护我们的传统文化，继承我们的传统文化，使中华民族的传统文化真正成为一种文化传统。现在有很多人想恢复传统节日，包括春节、端午节、中秋节、重阳节，也想搞一个中国传统的情人节——七夕节，因为传统节日是民族文化的象征。但是现在的传统节日基本上只是一个符号，要完全恢复成过去那个样子是不可能的，因为文化土壤不一样了，时代终究是发展的。传统节日这个文化符号是要保存的，但是怎样在这个文化符号里充实内容还是一个比较大的问题。比如，中秋节除了吃月饼以外也没有别的文化内涵，端午节除了吃粽子以外也没有什么别文化内涵。我们小时候就不一样了，节日气氛是很浓的，包括小孩佩戴香囊等很多丰富的活动。

四、应该重视两种文化传统

按照马克思主义的观点，传统是非常重要的。按照历史唯物主义观点，经济是基础，但经济本身并不能重新创造一切。创造文化的是人，而人必须从已有的思想资料或思想资源中寻找构筑当代文化的一些要素。所以，传统是很重要的，没有传统就没有思想资源。这就决定了任何民族的发展，不可能摆脱传统文化。传统文化不是包袱、不是负担，而是人类文化继续发展的台阶和垫脚石。要是每一代人都重新创造文化的话，我们现在可能还处在原始社会。我们的文化之所以发展到现在，就是因为一代一代不断积累，跟积土为山一样，越积越高。所以，文化的继承是文化的一大优点，这样也避免每一代人的重新创造，否则文化始终不能发展，可以说没有一个现代文化完全摆脱传统的因素。一种文化的生命力不是抛弃传统，而是在何种程度上吸收传统、再造传统。当然，如果对传统文化缺乏创造性，躺在传统文化身上，传统就可能变为一种阻力。所以，在文化发展中始终存在一个传统与当代的问题。当代既要继承传统，同时也得改造传统、再造传统，继续向前走。

在谈到传统文化的时候，我们必须有一个正确的传统观，就是我们面对的是两个传统：一个是中华民族自古以来的文化传统，也就是中华民族以儒家文化为主导的一种文化传统；另一个是中国民主革命形成的在中国共产党领导下，在革命过程中形成的革命文化传统。中华民族的文化传统非常丰富，但是中华文化有一个特点，就是儒家始终在中国文化传统中占据主导地位，但并不是唯一的文化形式，这一点应该始终被清晰地把握。在我看来，在中国传统文化中，各种不同的学术代表各有其用、各有所长。毛泽东说，马克思主义起一个世界观、方法论作用，它的理想代表的是大多数人的理想。中国传统文化和马克思主义之所以结合，还在于中国文化有自身的特点，即中国的文化不是宗教文化，不具有排异性，这一点是很重要的。中国历来强调合而不同、海纳百川、有容乃大，对于外来文化容易吸收，所以中国文化既有东方文化的继承，也有对西方文化的吸收。

值得注意的是，马克思主义和中国传统文化特别是儒家文化终究是不同时代的、不同阶级的、具有不同的社会功能的文化，老子、儒家等思想家都是2000多年以前的人，所以在马克思主义与中国传统文化相结合的过程中，不可能没有矛盾，不可能是绝对一致的，因此我们要取其精华、去其糟粕。马克思主义和中国传统文化的结合，包括对传统文化的分析、吸收和扬弃，不能全盘照收。

/ *03*

文化的时代性与民族性

一、文化与文明的区别与联系

我们很难把文化与文明截然分开。文明中肯定表现了一种文化观念和文化活动，因为文明是文化的积极成果；而文化的发展肯定表现了不同时期人类文明的进步。不体现文化内涵的文明，正如全然不代表人类文明进步的文化一样是不存在的。但是，从社会形态的角度来说，这两者是存在区别的。

文化是属于社会结构的概念。它是由特定的符号（语言和其他象征）传达的、在人类实践中创造的各种思想观念以及社会生活和行为规范的总和。例如，哲学、文学、宗教以及道德、风俗习惯，等等。

文化是观念形态。物质并不直接是文化，但可以作为文化的载体而具有文化的内涵。一块黑布缠在手臂上传达的是哀悼；胸前一朵红花传达的是喜庆和祝贺。黑布和红花是物质，由于不同的文化观念和风俗习惯而被赋予不同的意义。任何社会都是由一定的经济、政治、文化构成的有机的统一体。在这种关系中，文化是一定的经济和政治在观念中的存在方式，因而不同时代、不同民族的文化中总是会包含一些落后的甚至野蛮的东西。不仅前资本主义社会如此，资本主义社会中的文化垃圾也是比比皆是。即使在社会主义社会仍然会存在帝国主义文化、殖民文化与封建文化的残余和影响。因此，文化可以加上定语，革命文化、反动文化、进步文化、黄色文化，如此等等。文明是表示社会进步程度的概念，是相对于野蛮而言的。文明是人类活动的积极成果，是衡量社会进步的一种尺度。文明发展的不同程度集中表现了一个国家和民族的发展水平和其在社会形态发展序列中的位置。衡量社会进步的尺度是多方面的，文明可以区分为物质文明、精神文明、制度文明。

文化是人类为了适应和改造自己的生存环境而进行的精神生产的产物。既然如此，人类的文化创造必然要受自己所处的自然环境的制约。生产力水平越低，自然作为劳动对象和资源对人类的生产方式的制约和影响就越大。居住沙漠地区的人，不可能以农业生产方式和游牧生产方式为生，而依托大江大河的民族易于发展农业，水草茂盛之地易于产生游牧生产方式，这是显而易见的。但是，自然条件并不能直接决定某种生产方式的有无以及相应的文化形态。自然环境提供的是条件和机遇，而要把这种可能变为现实有待于人类自身的劳动创造。长江和黄河提供有利于发展农业的条件并在一定时期使中国的农业生产方式处于非常发达的地位，但它并没有使中国永远是农业国，不能成为工业化国家，正如古代希腊罗马的地理环境便于航海，有发达的商业，但并不妨碍它的工业化一样。事实上，爱琴海仍然是爱琴海，正如长江仍然是长江，黄河仍然是黄河一样，可是几千年来无论是西方或中国社会形态和文化都在发展和变化。同理，日本明治维新前后自然环境没有改变，可社会形态和文化发生了急剧的变化。尽管自然条件并不能直接决定文化的形态和性质，但它的影响作用是不可忽视的。

文化是由生活在不同地区的不同种族的人创造的。我们可以发现文化具有种族差异性，但人种不能解释文化，同一个种族可以产生不同的文化。例如，汉族在发展过程中创造了不同的文化，即使新加坡的华人与中国的华人种族相同，但新加坡的文化与中国并不完全相同。美国的黑人与非洲黑人种族相同但文化并不相同。假如一个中国人一出生就在美国的文化环境中长大而完全与中国人隔绝，他的文化观念肯定是美国式的。种族基因中并不存在文化因子。荀子说的"生而同声，长而易俗，教化也"的说法其内涵是深刻的。任何一个种族的人，在另一个文化环境中生长肯定会具有另一种观念，即使他的种族特性相同，但价值观念、思维方式以及生活方式完全是另一个民族的。一个民族文化能够代代相传、保持一种继承关系并不是由于基因相同和种族遗传，而是由于这个民族以社会国家的方式存在，在一个相对固定的地区，使用同一种语言进行交往，每一代人都在继承上一代人已经取得的成就上前进。对于整个民族而言，文化是一种为适应生存和发展而进行的创造，可对于这个民族的每个成员而言则是一种接受和学习。这表明文化自身具有一种民族凝集力和自我继承的力量。只要这个民族存在，它的文化就会存在。当然，文化传统可能中断，也可能会发生重大变化。变化的原因并不是种族的改变，而是社会变化引起的。但变化后的文化仍然是这个民族的文化，仍然以不同方式与历史上的文化传统存在联系和继承关系。

人的行为方式与生活方式，不能脱离文明和文化，它表现了人类文明发展的水平和文化观念。无论是生活方式和行为方式都与人类文明程度相关。文明、礼貌、讲公德，是文明的表现。随地吐痰、大声喧哗，不讲公德是不文明的表现。中国封建社会中的一些文人的酗酒、狎妓、纳妾，以及后来的吸鸦片，就不是文明的生活方式，即使他们的文化程度很高仍然是不文明的。生活方式的样式取决于社会文明发展的程度。居住条件、饮食习惯和观念等，都与社会物质文明和精神文明发展程度相关。分食制就比我们祖传的共食制要符合卫生要求，要更加文明。而在生活方式中也蕴含不同的文化观念。中国人的婚丧嫁娶、亲朋往来的风俗习惯等都表现了中国人的文化观念。由于是文化观念，其中有好的习俗，也有不好的陋习。我们要树立科学的、文明的、健康的生活方式，改造落后的、迷信的、愚昧的生活方式，没有相应的物质文明和精神文明的发展，没有文化观念的变化是不行的。

文明是文化的物质成果或精神成果。文明可以传播，可以接受，可以借用。以知识形态表现的精神文明从其原生地被别的民族接受是常见的。现在通行的数字系统是印度人创造的，通过中世纪的阿拉伯人传到欧洲。据说欧洲的拼音字母创始者是埃及人，经过腓尼基人传到希腊，然后传到罗马发展为现在的拼音字母。特别是物质产品和技术的发明和运用，更是会通过交往而被别的民族吸收。中国的火药、指南针、造纸、印刷对世界的贡献是众所周知的。在当今世界几乎任何产品和新技术都能很快为别的国家所采用。一个与外界交往频繁的民族进步相对较快，而闭关自守、与世隔绝的民族的发展容易停滞的原因就在于此。文明特别是物质文明是可以借用、传播的。随着物质文明和精神文明的传播，实际上也是文化交流。但在文化交流中，易于接受的是物质产品、科学技术，但文明观念特别是一个民族的价值观念、思维方式、审美观念是不容易改变的。中东一些国家生活水平可以比西方毫不逊色，可是思想上不同于西方的文化观念和价值观念。文化是民族的。文化性质主要取决于社会制度和由各种原因形成的文化传统的影响，而文明程度往往取决于生产力发展水平。西方某些国家的文化传统比不上世界上的一些文明古国，可文明程度特别是物质文明显然比后者高。这说明文化与文明是不能简单等同的。丰富的文化传统要结出丰硕的文明果实还要经过再创造。

人类由野蛮时期进入文明时期表明社会的进步。但文明时期的人的行为并不都是文明的。由于社会发展的内在矛盾，在文明时期也存在野蛮，而且远远超过原始人的野蛮。文明时代不会杀人祭天、祭神、祭祖，但德国纳粹残杀犹太人，日本人在南京的大屠杀，都是任何野蛮人望尘莫及的。在当代，各种新式武器包括核武器，唯恐杀伤力不大，死人不多。历史证明，人类进入文明时代对人的杀戮比任何野蛮时代要多。这并不是人性的堕落或异化，而是社会制度的性质和物质利益的冲突所造成的。有人认为：在近代中国历史中，西方列强对中国的侵略包括鸦片战争，似乎是先进文明战胜落后文明，是向落后国家输送先进文明；而"不识时务"的中国人反对西方殖民主义就是反对进步。这种观点就是不会区分文明和野蛮的缘故。西方殖民主义用大炮、用烧杀掠抢来镇压被侵略国家和民族的反抗，这不是传播先进文明，而是野蛮向文明的进攻，是用近代物质文明武装起来的强盗向古老文明民族的进攻。只有头脑糊涂的人才会把用新式武器破门而入的强盗称为文明人。任何以文明的先进性为殖民主义和帝国主义侵略辩护的理由都是不能成立的。

文明是文化的积极成果，因此文化有其特殊的重要性。一个文化不发达的民族，也难以建立发达的物质文明和精神文明。我们可以引进一些西方的新技术，如果没有具有高水平文化素质的人去掌握这种技术和工具，任何先进技术和机器都是无用或用处不大的。文化可以交流，可以吸取，但不能全盘引进。一个民族的文化有待自己继承自己民族的优良传统和吸取其他民族的优秀成果去自行创造。对一个民族的进步特别是对可持续发展来说，文化资源比自然资源更为重要。自然资源短缺而社会持续发展的国家或自然条件丰富而社会停滞保守的国家在世界上都不少见。自然资源是有限的、消耗性的，唯独知识与文明是不断增长的、无止境的。党中央在十五大报告中强调建设有中国特色社会主义的重要性是非常正确的。在落后的文化基础上，高度发达的社会主义物质文明和精神文明的建设都是不可能的。

二、文化的民族性、时代性和阶级性问题

自古以来，民族性是文化的基本特征。当然，文化的民族性并不是说文化都只是本土文化，因为任何民族的文化都不可能是纯粹的，都会吸收外来文化。一个民族的文化不仅是由本民族的地区文化逐步融合而成，而且往往她吸收了别的民族的文化。纯而又纯的民族文化是没有的。但文化的民族性并不会因为文化的融合或吸收而消失。因为，任何文化都是由处于共同地域、使用共同语言、具有共同的心理的群体创造的。这种共同的血缘、共同的地理环境、共同的语言和共同的文化传统，决定这个群体在文化观念上具有不同于别的民族的基本特点。

正因为文化具有民族性，因而在各民族的文化中，文化的各种形态，从风俗、习惯、交往礼节到哲学、道德、法律、宗教都各有特点。例如，哲学的民族性就很明显。作为以共同的地区和血缘关系为基础的不同的民族共同体，各有自己的不同哲学。很显然，东方哲学不同于西方哲学；即使同属东方哲学，中国哲学不同于日本、印度和朝鲜哲学，它们彼此也各有特点；即使同是以希腊罗马哲学为源头，同属西方哲学，欧洲大陆哲学就不同于英美哲学，而德国古典哲学又

具有自己的特色。

从哲学的着力点，即各自关注的中心看，古希腊罗马哲学更多地注重作为纯客体的自然，因而自然哲学比较发达。中国哲学，特别是儒学注重人伦，即人际关系中的伦理道德以及处理人际关系的原则。中国古代哲学也讲到了自然，如《道德经》和《庄子》，但老庄哲学讲的自然，不仅是人之外的自然，更重要的是人自身的自然，即人的自然本性。"顺其自然"的原则，是人的本性不受外物束缚的原则。从思维方式看，西方古代哲学强调的是主体与客体的区别，讲求观察、实验、理性的方法，一般来说擅长分析；而中国古代哲学虽然也有的哲学家倡导明于天人相分，但主流是张扬天人合一，强调主体，强调依靠主体的内在意识和道德实践来实现二者的统一，它运用的是反求诸己的内省方法，一般来说，擅长综合。它们彼此的哲学范畴也各有特点。中国哲学讲理气、有无、动静、形神、知行；西方哲学则讲矛盾、一多、感性理性、质量、肯定否定。两种形式的哲学各有优点，应该取长补短，不能绝对说孰优孰劣。文化的民族性和民族主义不同。民族主义是贬低其他民族对人类文化的贡献，片面地把本民族的文化视为唯一优秀的文化，而且对其他民族的优秀文化成果采取排斥的态度和做法。例如，西方文化中心论以及帝国主义的文化霸权主义都是如此。

事实上，文化的民族性绝不能成为排他性。例如，哲学具有民族性，但哲学也可以相互吸收和传播。中国哲学可以接受西方哲学的影响。中国明清之际，特别是晚清曾经接受过西方文化包括西方哲学的影响。至于中国哲学对西方和周边国家的影响更是巨大。特别是进入资本主义时代以后，历史转变为世界历史，使得不同形式的哲学更有条件相互影响。我们现在的马克思主义哲学所使用的许多范畴，就不是中国哲学固有的，而是马克思主义哲学独创或经过马克思哲学中介吸收的西方哲学范畴。哲学中的相互吸收融合是一种进步趋势。马克思主义哲学不仅直接来源于德国古典哲学，而且批判地继承了全人类的文化遗产。

　　应该强调的是，文化的民族性是指各个民族有不同于别的民族的文化，而不是说一个民族只有一种统一的民族文化。事实上，进入阶级社会后，唯一的无差别的民族文化是不存在的。列宁说过，每一个民族文化中，都有两种民族文化。有普利什凯维奇、古柯夫和司徒卢威之流的大俄罗斯文化，但是也有以车尔尼雪夫斯基和普列汉诺夫为代表的大俄罗斯文化。乌克兰也有这两种文化，正如德国、法国、英国和犹太人有这样两种文化一样。列宁的意思是反对俄国资产阶级利用民族文化口号宣扬自己的意识形态，巩固自己的统治，而不是反对文化的民族性。不存在唯一的民族文化是就其内容说的，但就文化的表现形式和特征而言,即使两种对立的文化仍可以有共同的东西。例如,山水画、书法、中国的诗、词、章回小说、京剧以及各种地方剧种等都是中华民族的文化表现形式,它并不会因为存在两种文化而丧失它的民族特性。

文化具有时代性。在人类进入资本主义时代以前,各个国家和民族交往较少,各自在特定的地区独立地进行活动,历史突出地表现为国别史,历史还没有转变为世界史。在这个时期,文化的时代性集中地表现为各个民族文化的社会制约性和历史性,即每个历史时期的经济生产以及必然由此产生的社会结构是该时代的政治的和精神的基础。社会形态的演变及其区别决定了文化的时代特征。很显然,原始社会、奴隶社会、封建社会、资本主义社会的文化是不同的,这种不同都是由社会制度的演变决定的。每一种文化都具有社会的特征,从它的演进看即具有时代特征。

当世界进入资本主义时期以后,出现了另一种文化的时代特性。由于资本主义生产方式的特点和科技的发展,各个国家和民族的壁垒逐步被打破,出现了越出一个国家和民族范围的时代概念,如帝国主义和无产阶级革命时代、由资本主义向社会主义过渡的时代,等等,它对原来各自独立发展的国家和民族的发展都有不同程度的影响。各民族间相互作用的加强和世界潮流的出现,必然会给各个民族的文化打上烙印。

文化的进步性不同于文化的时代性。任何文化都属于一定的时代，这是文化的时代性，它表明的是这种文化产生的必然性和何以如此的原因。而文化的进步性表明的是这种文化站在时代的前列，代表的是社会进步潮流，符合历史发展的规律。例如，在资本主义时代出现的社会主义思潮、帝国主义时代的反帝国主义思潮以及它的各种文化表现形式。在中国，自鸦片战争以后沦为半封建半殖民地社会，在这一历史时期出现了中国历史上从来没有过的帝国主义文化、半封建半殖民地文化。这种文化在中国的出现，显然具有时代的特征，但它是反动的落后的文化，是丧失时代进步性的文化，而代表民族资产阶级的文化的新文化是进步文化。在五四运动以后，随着马克思主义的传入和中国共产党的建立，无产阶级的文化又成为中国最先进的文化。可以说，在任何社会，在任何时代特别是处于社会变革的时代，各种文化并存的状况是必然的，作为时代的产物它们都具有时代性，但并不都具有先进性。例如，哲学可以是时代精神的精华，也可以是时代的糟粕；哲学家可以是时代骄子也可是时代的弃儿，可以是真理的发现者也可以是错误理论的吹鼓手。问题是它们反映了时代的哪一个方面。真正哲学之所以是时代精神的精华，正是在于它符合时代进步的要求，抓住了时代的主题，回答了时代提出的迫切问题。一个哲学家越有才华和贡献，他就越是依存他的时代反映他的时代，用哲学为他的时代的进步服务。

一个民族不只拥有一种文化，一个时代也不只存在一种文化，这说明文化在阶级社会中是有阶级性的。尽管文化中包括一些非阶级性的现象，如语言和某些风俗习惯，但从文化总体上说，文化应该是有阶级性的。之所以如此，首先，在阶级社会中创造文化的人都是属于一定的阶级的，他们的情感、意志、兴趣、目的都会受到一定阶级地位的制约，这些必然表现在他们的精神产品之中。其次，从社会的角度看，文化特别是人文文化，作为一种社会意识形态其内容是由特定的经济关系决定的，而经济关系的核心是利益关系、阶级关系。因而作为人文文化形态的哲学、道德、宗教、法律、政治学说总是直接或间接、公开或隐蔽地维护处于社会经济关系中的某个阶级的利益。

当然，文化的阶级性绝不能意味着某一阶级的成员必定创造代表这一阶级的文化，关键不是创造者的阶级出身，而是取决于他站在什么立场、代表什么利益进行文化创造。马克思在讲到某一阶级的思想家与其所代表的阶级关系时说过一段著名的话："不应该认为，所有的民主派代表人物都是小店主或崇拜小店主的人。按照他们所受的教育和个人的地位来说，他们可能和小店主相隔天壤。使他们成为小资产者代表人物的是下面这样一种情况：他们的思想不能越出小资产者的生活所超不出的界限，因此他们在理论上得出的任务和解决办法，也就是小资产者的物质利益和社会地位在实际生活上引导他们得出的任务和解决办法。一般说来，一个阶级的政治代表和著作代表同他们所代表的阶级之间的关系，都是这样。"①例如，俄国的伟大文学家托尔斯泰是贵族，可列宁把他称为俄国农民的一面镜子，之所以如此是因为他反映了那个时候俄国农民的愿望和要求。论阶级地位他是贵族，但论思想情感他代表的是农民。这种思想与阶级的分离，在精神生产中并不罕见。马克思出身于富有的知识分子家庭，恩格斯出身于工厂主家庭，可他们创造出马克思主义。这种状况并不是说明思想体系本身是超阶级的，而是说明这种思想体系的创造者本人超越了自己的阶级。因为在社会矛盾、阶级矛盾激化的变革时期，一些原本属于某个阶级的人背叛自己的阶级，自觉地站在被压迫者一面，这种情况在历史上是常见的。

而且，文化的阶级性不是说阶级社会中两种文化之间就没有任何共同点。即使是意识形态比较强的哲学、法律、道德等，它们不仅具有意识形态的特性，而且具有知识性，能够作为知识的积累而为另一个阶级所接受。宗教更是如此，佛教徒、基督徒、穆斯林，既可以是

---

① 《马克思恩格斯选集》第1卷，第614页，北京，人民出版社，1995。

富人也可以是穷人，既可以是无产者也可以是资产者。这并不否定宗教从根本上说是有利于维护统治者的利益的，因为它通过维护社会的稳定来维护现存秩序和现存制度。但从信仰说，宗教信仰可以是共同的。

特别是阶级社会中，处于统治地位的思想是统治阶级的思想，它是这个社会中的主流文化。尽管就其阶级性来说，统治阶级思想是属于统治阶级的思想体系，可就其影响和作用来说可以遍及全社会。被统治者往往违背自己的利益而接受统治者的思想，如在中国封建社会中包括农民在内的劳动者都或多或少地接受儒家三纲五常，如君君、臣臣、父父、子子等伦理道德观的影响。在资本主义社会中无产阶级接受资产阶级所鼓吹的抽象的自由、民主、平等的观念，接受利己主义、享乐主义思想的影响。在阶级社会中被统治者接受统治者的思想影响是规律性的现象。因为，统治者拥有一切手段来做到这一点，只有当被压迫阶级逐步走向成熟或矛盾逐渐激化的时候，从思想上摆脱统治阶级文化观念的影响的斗争才会尖锐起来。

在中国，传统文化的主体是儒家文化。这一特点决定了中国传统义化的特色是以人伦为核心的伦理文化，着重调整人们的各种关系，例如，国家政治生活中的君臣以及各等级之间隶属的关系，家庭中的父子、夫妻、兄弟关系。由于儒家学说的政治伦理特色，从根本上说，儒家文化是比较保守的，它是为维护大一统的封建君主制服务、为宗法服务的。因此，它强调正名，即各种等级各色人等，各安其位，享受和承担与自己的等级身份相符合的权利与义务。所谓君君、臣臣、父父、子子，也就是说君就是君，臣就是臣，父就是父，子就是子，各有地位、各有职责，不能错乱。因而儒家的理论是不准改革，不准造反，更不准犯上作乱。儒家不利于革命变革，但有利于社会稳定。这就是变革时绝不会提倡儒家，必然提倡反对尊孔读经，而取得政权之后可能会提倡尊孔的原因。我们只要看看中国从五四运动到袁世凯复辟时的历史便可证明这一点。

我们现在提倡弘扬中国传统文化，绝不是以儒家学说作为社会稳定器。我们当前需要正确处理发展、改革、稳定的关系。其中稳定是能否深化改革和发展的重要前提。但我们的稳定不是依靠儒家学说得到的，不是无原则的倡导和谐，更不是虚假地标榜仁政，或者维护不合理的旧体制和干群关系。我们依靠的是马克思主义，是以马克思主义为指导，正确处理人民内部各种矛盾来使社会稳定并在正确处理各种矛盾的过程中推进改革和求得发展。我们的稳定不是消极的，不是把凡是现实的都说成是合理的，而是为改革求得一个安定的社会环境和良好的社会秩序。因此，在我们社会中儒家学说能起的稳定作用，无论就其性质、方式和目的来说，都同封建社会迥然不同。把马克思主义说成是不利于稳定的斗争学说，把儒家说成是有利于稳定的学说，这种解释是不全面的、不准确的。马克思主义的学说绝不是一个"斗"字能概括的，正如儒家学说也不能归为一个"和"字。儒家倡导宽猛相济，就说明它并不是一味讲"和"的。别的不说，仅就王阳明和曾国藩对待农民起义的态度而言就可以说明这一点，而王、曾都算是儒学的信奉者，也是大儒。

　　儒家的政治性决定历代封建王朝需要以儒学为治国治民的要术。实际上在长期的封建社会中，儒家的确起到了稳定封建制度的作用。曾国藩打败太平天国，成为清王朝中兴名臣的思想武器正是孔孟之道。中国传统文化的伦理特色是因为儒家长期成为封建社会主流文化形态造成的。其实，中国传统文化的精品很多，并不限于儒家。但是，儒家由于它的政治地位和作用，成为历代统治者不可缺少的思想工具。儒家处于正统地位并为法律所维护，非圣与非法一样历来是杀头的罪名。我们是社会主义国家，我们党的性质和社会性质决定我们只能是以马（马克思主义、毛泽东思想，特别是邓小平理论）治国而不能以儒治国。中国近百年来的历史证明，不是儒家学说挽救中国，而是中国革命的胜利挽救了儒家学说，使它免于同社会和民族的衰败一道走向没落。当今中国在世界的国际地位，使儒家学说重新光彩夺目。儒家学说中的精粹只有当中国人民当家作主以后才有可能重得到正确评价、清洗、吸收和发扬，因为与儒家学说相依存的封建社会已经成为历史，君主专制制度已经死亡。儒家学说与它极力维护的政治现实距离越来越远，它的意识形态性质越是减弱，它蕴含的具有普遍意义的东西就越是凸显。所以，旧中国的灭亡，不仅是中国人民的解放，在一定意义上也是儒学的解放。儒学摆脱了历史上充当封建制度思想卫士的重负，真正成为科学研究对象，成为中国人民创造新的社会主义文化的重要资源。

儒学之所以能够成为社会主义文化的重要资源，归根结底还是因为它所具有的双重性。儒家学说是产生于封建社会并具有封建主义本性的文化，但不等于说儒家学说全部内容都是封建主义的东西。不仅在同一社会中可以存在两种文化，而且即使代表统治者利益并处于统治地位的文化，也包含可供继承的不同内容。一种具有阶级性的文化形态，何以能为另一个社会制度下的人所继承和吸收呢，这并不是由于儒家学说代表人性，因而可以成为永恒不变的常道。其实，儒家学说从先秦经两汉到宋明的发展和演变，是代表封建统治者的意识形态的，但由于人伦关系是人类社会中的一种普遍关系，因而它的一些规则具有普遍有效性的一面。如人们相互交往中讲信、对父母讲孝、夫妻关系中的互敬和互爱、对国家和民族讲忠义、讲大节，这对所有社会处理类似关系都可供借鉴。因此，儒家倡导的仁爱精神，注重个人的道德修养和理想人格的培养，提倡节俭反对奢侈，提倡个人对家庭、对社会的责任，提倡以义制利、反对见利忘义，等等，这些对社会主义市场经济下的精神文明建设都是有益的。

中国有 13 亿人口，是世界人口第一大国。中国人在世界上的华人华侨也是最多的。散居世界各地的华人之间之所以认同中国主要不是认同马克思主义、认同社会主义制度，而是种族血缘关系的认同。此外，这种认同也是一种文化认同。文化认同最根本的是对儒家学说的认同。他们不会认同老庄哲学、认同墨家、认同孙子兵法，等等（除了少数文化人以外）。为什么？因为儒家是与血缘关系最为直接、最为密切的学说，它是专讲人伦关系的。父子、夫妻、兄弟、朋友、个人与家族、个人与国家，这些道德伦理观念，最能为华人所认同。但如果从文化的内涵来看，儒家并不是中国文化中最深刻、最丰富的思想形态。儒家比较狭隘，着重于政治伦理方面。如果说到各种文化形态的优点所在，那么，讲哲学应该是道家即老庄，讲逻辑应该是墨家，讲军事应该是兵家，讲农业应该是农家，讲法治应该是法家。所以，中国的诸子百家各有特点、各有贡献，儒家仅其一而已。但其他各家都是一个方面，或打仗，或论辩，或耕作，或刑名，唯独儒家所具有的政治伦理色彩，使它长期处于思想支配地位，并发挥任何其他学说难以替代的作用。

世界上没有绝对纯粹的东西。纯粹只是一种舍弃其他一切因素的抽象。社会形态如此，文化同样如此。阶级性绝不是绝对排他的。阶级性与社会性是统一的。一个阶级越是处于进步的上升的时期，它的阶级性中包含的社会因素就会越多。这正是文化可以交流可以继承的内在根据，如果阶级性是绝对排他的，人们只能被封闭在自己的文化圈子里，社会的发展和文化的进步都是不可能的。

三、文化发展的本质是创造

文化是由人创造的，因而不可能是停滞不变的。每一代人都要在文化宝库中或多或少增加一些新东西，又要从先辈的文化遗产中借用一些东西。可是，文化的积累不是往钱罐里塞钱，而对前人文化遗产的继承也不是从钱罐中取钱。文化的积累和继承都是一个创造过程。没有每个时代人们的创造就没有积累也没有继承。不能把文化的发展归结为对传统文化的诠释，不能认为文化存在于世世代代的人民对祖先文化传统的诠释之中。文化是一种创造，是现实的人面对现实需要的一种创造。离开了现实人的现实活动，既不可能有文化的积累（无东西可积累），也没有文化的继承（没有必要继承）。

当然，任何时代的人的文化创造活动都不可能脱离传统，正如马克思所说："一切已死的先辈们的传统，像梦魇一样纠缠着活人的头脑。"①可是传统不等于文化典籍。对传统的继承不能理解为对文化典籍的诠释，把文化典籍视为不可超越的范本，而当代人只是古代典籍的解释者。其实，古代文化典籍中的重要思想在现实生活中并不一定存在，即使在古代也可能并没有实行过，并不是现实而是一种个人的理想和信仰。例如，《论语》中许多道德规律，如"己所不欲，勿施于人""己欲立而人，己欲达而达人"等，从来就没有人真正做到过、实行过，包括儒家学说的创立者和历代的所谓大儒。写在书上的不等于实有的，古籍中精华不等于传统。我们说，传统保存在当代中，离开了当代就不是传统。因此，传统是在中国人的生活中世世代代起作用的那些价值观念、思维方式、风俗习惯、道德观念，它古老而又在一定程度为当代人们所遵守和认同。在长期历史过程中，古老的过时的东西不断减速减弱，而新的东西又不断凝集为传统。传统就是这样在保存和变迁中演进的。

每代人在继承传统的过程中，对历代先人积累的文化典籍的利用是极其重要的。它为后代提供宝贵的思想资料，提供智慧。一个民族的文化名人越多，流传下来的典籍越多，表明这个民族的文化传统越

---

① 《马克思恩格斯选集》第1卷，第585页，北京，人民出版社，1995。

丰富。但这些瑰宝能否得到利用，取决于后人如何利用这些资料。正如同样的材料，由于厨师的手艺有高下优劣之分，因而菜肴的水平完全不同一样。可是尽管继承什么、如何继承传统、把什么视为精华、什么视为糟粕，可以因人而异，但从时代角度看，只有符合时代需要、有利于时代进步、有利于民族文化的发展和提高，才是真正对我们祖先优秀文化遗产的继承。历史经验证明，立足于时代和人民需要的继承，和当代推进社会的实际活动需要结合在一起的继承，才不是尊孔读经的复古倒退。我们对中国传统文化的研究和继承都是以建设中国特色的社会主义文化为目的的。一个国家的文化状况对经济和政治的影响是巨大的。列宁曾说，文化落后的国家容易产生专制主义而西方资本主义国家采取民主制度，这不是取决于人们的愿望，而是有其文化背景的。即使某些资本主义国家仍然存在君主制，也是资本主义化的君主，而不可能是专制主义的帝王。这是因为在资本主义社会，无产阶级的文化水平高于农民。列宁说："正常的资本主义社会要顺利发展下去，就不能没有稳固的代表制度，就不能不给予在'文化'方面必然有较高要求的人民以一定的政治权利。这种一定程度的文化要求是资本主义生产方式本身连同它的高度技术、复杂性、灵活性、能动性以及全世界竞争的飞速发展等等条件所造成的。"①而在东方个别社会主义国家,还可能产生极端的个人迷信,产生个人的高度专权,一个重要原因在于文化落后、文盲遍地、农民占绝大多数。小农是好皇帝的温床。因此,在中国这样的国家进行政治体制改革,不能不考虑中国的文化状况的制约性,重视社会主义文化建设,普及教育,开发民智,提高人民当家作主的自觉意识,有利于积极推进政府机构改革,发展民主,健全法制,建设一个社会主义法治国家。

江泽民在中国共产党第十五次全国代表大会上所做的报告中,对有中国特色的社会主义文化建设问题给予了极大的关注和论述,指出"全党必须从社会主义事业兴旺发达和民族振兴的高度,充分认识文化建设的重要性和迫切性",并号召"创造绚丽多彩的有中国特色的社会主义文化"。

文化建设涉及很多领域,但最重要的是指导思想的问题。我们绝不能把文化建设的问题简单变为一个继承文化遗产的问题,甚至变为在中国复兴儒学的问题。中国特色的社会主义文化最根本的是要建设、要创造,而不可能只通过对传统文化的继承来完成。要正确继承传统文化还要有正确的指导思想。我们不能在儒学范围内谈论儒家文

---

① 《列宁选集》第2卷,第276页,北京,人民出版社,1995。

化的继承问题。不跳出传统文化的视角就不能真正继承传统文化。中国文化史证明，尽管儒家思想在历朝历代也有变化和演变，但都是在这个框框内的变化。我们的目的是建设中国特色的社会主义文化，因此必须对中国传统文化进行分析、清洗、吸收、改造。我们的指导思想是马克思主义。我们从来不隐讳这一点。如果要谈论复兴儒学的话，没有社会主义在中国的胜利，我认为孔夫子绝不会有如此高的地位。是中国的复兴才使儒家重振家声成为可能。没有一个强大的中国，就不会有一个名扬四海的孔夫子。是中国的强大把儒家推向世界，而不是儒家学说把一个曾经是满目疮痍、贫穷落后的中国推向世界。不用马克思主义观点指导研究中国传统文化，我们就不可能越出前人的窠臼。党的十五大做出了高举邓小平理论伟大旗帜的历史性决策，并写进修改后的中国共产党党章和宪法。这对于中国社会主义的前途和命运，对于我国的社会主义文化建设具有决定性的意义。建设中国特色的社会主义的理论和实践表明，马克思主义在中国并不是处于低潮，而是处于新的发展阶段。邓小平理论使在世界某些国家和地区遭到挫折的马克思主义重放光辉。我们哲学社会科学工作者，我们马克思主义理论工作者，在经济学、哲学、科学社会主义学说以及其他领域，深入研究邓小平理论，并在邓小平伟大旗帜指引下，研究进一步推进改革所提出的各种理论和实际问题，继续探索中国特色的社会主义的发展规律，就是为繁荣社会主义文化做出应有的贡献。

文化是社会形态的组成部分。任何社会都具有自己特定的经济结构、政治结构以及相应的文化形态，社会主义社会也是如此。正如江泽民在报告中精辟指出的：文化相对经济、政治而言，精神文明相对于物质文明而言。只有经济、政治、文化协调发展，只有两个文明都搞好，才是中国特色社会主义。在资本主义社会，经济发展与文化之间存在着不可解决的矛盾。一方面，生产力不断发展；另一方面，社会道德水准下降和价值观念发生危机。这种物质生产与精神生产的不平衡在资本主义刚刚登上历史舞台时就出现了。卢梭在他的获奖论文中，已经发现了这个矛盾，但不理解这个矛盾。马克思也曾论述过资本主义社会物质生产和精神生产的不平衡性问题。恩格斯在《反杜林论》中对这个问题做过分析。资本主义社会经济与文化关系的失衡是必然的，是以资本主义私有制为经济基础的不可避免的现象。西方一些思想家设想一种混合结构，即经济上的社会主义、政治上的自由主义、文化上的保守主义。这是一种乌托邦式的设想，是根本不可能的。也有些思想家由于资本主义的经济与文化的失衡而反对物质文明、反对科技发展，这同样是一种错误的哲学思想，没有真正弄清楚经济、政治、文化的关系。只有社会主义才有可能解决资本主义社会中文化与经济之间的矛盾。邓小平关于有中国特色的社会主义理论，不仅为繁荣社会主义经济而且为繁荣社会主义文化指明了方向。我们可以满怀信心地展望 21 世纪，具有丰富文化传统的中国，在社会主义现代化的伟大实践中，一定能立足现实，以马克思主义为指导，吸收中外文化的优秀成果，创造出更加绚丽多彩的中国特色的社会主义文化，对人类文明做出应有的贡献。

社会主义社会的发展是全面的。社会主义现代化应该有繁荣的经济，也应该有繁荣的文化。在建设中国特色的社会主义文化的伟大事业中，哲学社会科学的作用是无可替代的。哲学社会科学各学科是整个高校教育的重要组成部分。它不仅要以自己的理论研究成果为坚持马克思主义在意识形态指导地位、为建设中国特色社会主义理论和实践服务，而且要培养高举邓小平理论伟大旗帜的哲学社会科学专业人才。哲学社会科学的繁荣有利于全民族的思想理论素质的提高，有利于加强我们民族的凝聚力。没有科学的理论指导，就不容易在全社会形成共同的理想和精神支柱；没有自觉的道德纪律和较高的文化素质，就难以形成良好的文化环境。这是关系到我们继续推进改革开放和现代化建设的重要条件，也是关系到建设中国特色的社会主义的重大原则问题。在我们这样一个国家要跨越卡夫丁峡谷，必然要充分吸收资本主义的科技成果、大力发展生产力，同样不可忽视的是要有坚定正确的政治方向、社会主义的道德情操和较高的文化修养。人的素

文化自信中的传统与当代·上篇

质问题是社会主义建设的关键问题。而素质不是单纯的科技水平，它也包括人的人文素质，特别是哲学社会科学素质。我们的哲学社会科学工作者要在创造绚丽多彩的社会主义文化方面发挥作用，发挥哲学社会科学的优势和专业特长，就必须正确对待马克思主义，正确对待中国传统文化，正确对待建设中国特色的社会主义的实践。把现实、理论、传统三者有机结合在一起，立足现实，坚持（马克思主义）理论、重视（文化）传统，在创造中继承，在推陈中出新。

/ 04

社会历史考察中的文化视角

文化问题是当今思想领域中的热门话题，它的研究延伸到各个领域。从大国的兴衰到弱国的崛起，从时装的走俏到战争的硝烟，从流行歌曲到影视风格的变换，从文学批评的话语到文学的新风格。总之，社会中的所有现象，从物质到精神，从经济到政治，一切都可从文化角度进行解释。文化似乎成为当代解开一切谜团的万能钥匙。

亨廷顿在他主编的《文化的重要作用》一书的"前言"中就说，"社会科学界越来越多的学者把目光转向文化问题，用它解释各国的现代化、政治、民主化、军事战略、种族和民族群体的行为以及国与国之间的联合和对抗"①。的确，文化问题在当代的重要性是不言而喻的，

---

① ［美］亨廷顿、哈里森：《文化的重要作用——价值观如何影响人类进步》，第2页，北京，新华出版社，2002。

它成为我们考察社会历史的一个重要视角。毫无疑问，历史唯物主义并不排斥社会历史考察的文化视角，尤其是在当代。但它反对文化决定论。怎样才算合理运用文化哲学的解释，如何划清唯物主义历史观和文化决定论的界线，在当代文化热潮中，这个问题很值得研究。

一、历史唯物主义不是文化决定论

马克思在写于 1859 年的《〈政治经济学批判〉序言》中，对历史唯物主义的概括是非常著名的、经典的。可就是这段概括，至今仍被视为经济决定论的典型而被诟病。现将全文引证如下：

> 人们在自己生活的社会生产中发生一定的、必然的、不以他们的意志为转移的关系，即同他们的物质生产力的一定发展阶段相适合的生产关系。这些生产关系的总和构成社会的经济结构，即有法律的和政治的上层建筑竖立其上并有一定的社会意识形式与之相适应的现实基础。物质生活的生产方式制约着整个社会生活、政治生活和精神生活的过程。不是人们的意识决定人们的存在，相反，是人们的社会存在决定人们的意识。社会的物质生产力发展到一定阶段，便同它们一直在其中运动的现存生产关系或

财产关系(这只是生产关系的法律用语)发生矛盾。于是这些关系便由生产力的发展形式变成生产力的桎梏。那时社会革命的时代就到来了。随着经济基础的变更全部庞大的上层建筑也或慢或快地发生变革。在考察这些变革时，必须时刻把下面两者区别开来：一种是生产的经济条件方面所发生的物质的、可尽用自然科学的精确性指明的变革，一种是人们借以意识到这个冲突并力求把它克服的那些法律的、政治的、宗教的、艺术的或哲学的，简言之，意识形态的形式。我们判断一个人不能以他对自己的看法为根据，同样，我们判断这样一个变革的时代也不能以它的意识为根据；相反，这个意识必须从物质生活的矛盾中，从社会生产力和生产关系之间的现存冲突中去解释。无论哪一个社会形态，在它所能容纳的全部生产力发挥出来以前，是决不会灭亡的；而新的更高的生产关系，在它的物质存在条件在旧社会的胎胞里成熟以前，是决不会出现的。所以人类始终只提出自己能够解决的任务，因为只要仔细考察就可以发现，任务本身，只有在解决它的物质条件已经存在或者至少是在生成过程中的时候，才会发生。大体说来，亚细亚的、古代的、封建的和现代资产阶级的生产方式可以看作是经济的社会形态演进的几个时代。资产阶级的生产关系是社会生产过程的最后一个对抗形式，这里所说的对抗，不是指个人的对抗，而指从个人的社会生活条件中生长出来的对抗；但是，在资产阶级社会的胎胞里发展的生产力，同时又创造着解决这种对抗的物质条件。因此，人类社会的史前时期就以这种社会形态而告终。①

列宁对马克思的上述论断给予最高的评价，认为正因为马克思把社会关系归结于生产关系，把生产关系归结于生产力的水平，才能有最可靠的根据把社会形态的发展看作自然历史过程。"不言而喻，没有这种观点，也就不会有社会科学。"②但序言提出的是对历史唯物主义根本规律的揭示，而不是全面表述。列宁强调，当马克思对资本主义社会形态进行分析时，既完全用生产关系来说明该社会形态的构成和发展，但又随时随地探究与这种生产关系相适应的上层建筑，使骨骼有血有肉。"使读者看到整个资本主义社会形态是个活生生的形态：有它的口常生活的各个方面，有它的生产关系所固有的阶级对抗的实际社会表现，有维护资本家阶级统治的资产阶级政治上层建筑，有资产阶级自由平等之类的思想，有资产阶级的家庭关系。"③这说

---

① 《马克思恩格斯选集》第 2 卷，第 32—33 页，北京，人民出版社，1995。
② 《列宁选集》第 1 卷，第 9 页，北京，人民出版社，1995。
③ 同上书，第 9 页。

明，马克思在实际运用他的伟大发现时，完全不同于一些人所指摘的"经济决定论"，而是对社会形态进行唯物辩证地考察，充分意识到上层建筑的作用。

但是从纯理论概括来看，马克思上述著名的论断，是把重点放在经济方面。它从生产活动出发，由生产力到生产关系、经济基础到上层建筑以及它们之间矛盾如何导致革命变革，从而推动社会形态的变化，揭示生产力在社会历史发展中的最终决定作用，以及社会基本矛盾展开、激化、解决，从而推动社会形态有规律的更迭过程。马克思当时对相反的方面，即上层建筑对经济基础的反作用未加论述。这只能从马克思活动的历史条件和肩负的历史使命中得到解释。马克思和恩格斯在创立历史唯物主义时，当然要把重点放在论证物质生产力在社会历史中的决定作用，非如此不可能打破唯心主义在社会历史领域中的长期统治地位。所以，从《德意志意识形态》发表以后，当马克思总结他十多年经济研究的结果时，必然采取这种方式总结他的划时代的、里程碑式的研究成果。脱离历史条件和马克思与恩格斯当时肩负的理论使命，就不可能准确公正评价并把握马克思的上述论断的实质。

俗话说，不愿倾听的人比聋子还聋。恩格斯反复说，不能把历史唯物主义说成是主张经济因素是社会历史发展中起作用的唯一因素，实际上，上层建筑的各种因素都以自己的方式从不同方面影响社会历史的发展过程。他在致瓦·博尔吉乌斯的信中明确地说："政治、法、哲学、宗教、文学、艺术等等的发展是以经济发展为基础的。但是，它们又都相互作用并对经济基础发生作用。并非只有经济状况才是原因，才是积极的，其余一切都不过是消极的结果。"①恩格斯还对马克思和他当时为什么都把重点放在经济方面做了解释和自我批评。他在给梅林的一封信中曾说："只有一点还没有谈到，这一点在马克思和我的著作中通常也强调得不够，在这方面我们大家都有同样的过错。这就是说，我们大家首先是把重点放在从基本经济事实引出政治的、法的和其他意识形态的观念以及以这些观念为中介的行动，而且必须这样做。"②马克思和恩格斯忙于指导国际的工作和工人运动，当革命处于沉寂时期，马克思便埋头于《资本论》的写作，而恩格斯则忙于反对杜林和总结自然科学的理论成就，他们都没有机会和条件重新回到序言中所确立的原则上来，专门论述这个问题，正如恩格斯说的，"这就给了敌人以称心的理由来进行曲解或歪曲"。最后这句话在当代仍然有现实意义，因为时隔一个多世纪，所有历史唯物主义的反对者们仍然喋喋不休地指摘历史唯物主义是经济决定论。他们最"过硬

---

① 《马克思恩格斯选集》第 4 卷，第 732 页，北京，人民出版社，1995。
② 同上书，第 726 页。

的"材料就是 1859 年这篇著名的序言。所以，全面准确并历史地理解马克思的著名序言，是我们理解文化重要作用的立足点。

二、文化问题成为时代的热点的社会背景

从马克思主义发展史来说，在马克思、恩格斯的著作中，文化问题并不是他们关注的热点问题。他们关注的是对资产阶级社会的批判和无产阶级解放的问题。因此，重要的是创立新的世界观和对资本主义社会的经济分析并以它为依据推进社会主义学说由空想到科学的转变。尽管唯物史观为文化研究提供了理论和方法，但马克思并未直接研究文化问题。恩格斯在《家庭、私有制和国家的起源》、马克思在晚年的人类学笔记中都涉及文化问题，但都是从社会形态发展角度提及的，而不是专门研究文化问题。相反，他们反对过多地研究文化问题，反对文化决定论的唯心主义历史观，批评"旧的、还没有被排除掉的唯心主义历史观不知道任何基于物质利益的阶级斗争，而且根本不知道任何物质利益；生产和一切经济关系，在它那里只是被当做'文化史'的从属因素顺便提到过"①。对经济问题和无产阶级斗争问

---

① 《马克思恩格斯全集》第 20 卷，第 29 页，北京，人民出版社，1973。

题的研究与文化问题相比，对马克思和恩格斯来说孰重孰轻是一目了然的。

在马克思和恩格斯逝世以后，情况逐步发生变化。文化随着社会的发展日益显示出它的重要性并为人们所重视。当资本主义在西方确立，世界历史由传统社会向现代社会转型时，对于后现代化国家，文化观念对一个国家社会发展道路的选择产生重要作用，日本明治维新脱亚入欧，采取对外开放方针，与中国闭关锁国以及强调中体西用的文化观念，显然对中国与日本近代历史发展产生了深刻影响；在当代，无产阶级的革命条件尚不完善，葛兰西关于文化领导权问题以及对资本主义社会的文化批判，对于无产阶级的新觉醒和革命力量的积蓄有着远比 19 世纪下半期和 20 世纪上半期更为重要的意义；在当代，由于文化、经济和政治相互渗透的作用强化，一个国家的文化已经成为综合国力的重要组成部分，尤其是文化产业已经成为发达国家的重要生产部门，成为它们的经济发展支柱、政治影响力强化的手段和对外进行经济政治军事扩张的软力量。此外，经济全球化背景下文化交流与冲突，以及中国特色社会主义先进文化建设等问题，都使文化问题成为理论和现实的热点。对当代文化问题的研究，的确为我们提供了考察诸多社会现象的新视角。正因为这样，文化研究成为当今的显学，备受关注。有的哲学家认为，当代西方哲学领域已由科技哲学转向文化哲学。1983 年召开的第十七届世界哲学大会讨论的主题就是"哲学与文化"。自此以后，文化问题一直被关注，包括后现代主义哲学文化理论。1998 年夏，哈佛国际与地区问题学会决定探讨文化与政治、经济以及社会发展的关系。1999 年 4 月，美国艺术与科学学会召开文化价值观与人类性进步的讨论会。在我们国内，改革开放后，文化问题的探讨持续升温。我们应该高度重视文化问题的研究，但我们应该坚持历史唯物主义原则。

三、文化问题考察中的两种历史观

从西方社会科学的发展来说，文化问题开始是属于社会人类学研究的范围，是把文化作为一个民族的风俗、习惯和信仰进行实证性、经验性的研究，以便更具体地研究和了解一个民族或原始部族的社会状况。文化被理解为一个民族的生活方式和生存总体，在这个范围内，文化与文明是同等概念。考察一个民族的文化、文明与从总体考察这个民族是同一回事。从社会发展看，这种研究与西方资本主义社会的发展和向外拓展存在着某种明显或不明显的联系。

从文化角度考察人类的前途和命运，这是从 19 世纪末 20 世纪初西方资本主义社会矛盾激化开始的，它表现了西方学者对人类命运和前途的忧虑。这种忧虑可以被称为文明的忧虑。

在这些学者中，第一位首推斯宾格勒。他的《西方的没落》就是通过抽象地、思辨地对文化生长规律的考察，断言西方社会正趋向没落。这是从文化视角对西方资本主义前途的预言。

如果说斯宾格勒还是限于西方的没落，那么经历两次世界大战，面对当代人类困境的汤因比等人则从对西方的考察扩大为对人类总体前途的忧虑。无论是他的《人类与大地的母亲》以及他与池田大作之间关于展望 21 世纪的对话，都是把人与自然矛盾激化所引发的人类生存困境，理解为文化危机，或人类文明的危机。这个危机会导致人类的自我毁灭。摆脱危机的唯一方式是重建人类的高级文明，这就是回归宗教，创建高级的宗教文明。

从 20 世纪人类经历的两次世界大战看，战争都是直接由经济和政治的利益的矛盾和对立引发的。第一次世界大战是帝国主义之间的战争，而第二次世界大战则是法西斯帝国主义和民族国家之间的战争。但战争的根源仍然是经济和政治利益。然而，当代战争不同，它是不同文明之间的冲突，因此当代战争的根源和引发国际冲突的因素是不同的文化和文明。这就是亨廷顿所主张的"文明冲突"论。在他看来，在当代决定国际关系和人类前途的是各种文明之间的冲突，特别是在所谓文明的断裂带矛盾更为尖锐。他断言，基督教文明、儒教文明、伊斯兰文明是当代文明对抗的三种主要形式，因为作为文明核心的价值观念不同，儒家文明国家和伊斯兰国家不会接受西方的民主、自由、人权、法治等价值观念。正是由于价值观念和信仰的对立，它们必然会反对西方的文明，从而导致战争。不是西方发达的资本主义强国为了自身的经济利益和政治利益反对某些处于发展中的国家，而是后者由于对西方文明的抗拒而具有反西方情绪。这是东方野蛮人抗拒西方先进文明的老调新弹，是马克思和列宁早就驳斥过的陈词滥调。当然，我们并不否认各种文明之间的差异和冲突，各国文明间差异的存在是客观的。但是，我们认为文明差异是历史形成的，是正常的，是文明多样性的表现。文明的差异不应该是文明冲突的原因而应该是文明互补和交流的根据。文明由差异而导致冲突并发展为战争最根本的原因是经济和政治利益，美国绝不是为人权、人道和西方价值观而战，而是为美国的国家利益而战。不同的文明只有与经济和政治冲突相结合才会由差异转向对抗。

另外，西方发达国家特别是美国与不发达国家和贫穷国家之间的矛盾日益尖锐，差距越来越大。经济全球化并没有缩小这个差距，而是更迅速地、更大地拉开了这个差距。根据一些西方学者的看法，世界上落后国家的贫困原因并不在于殖民主义、不在于帝国主义、不在于对发达国家的经济和政治依附，而是在于文化的阻碍，在于观念的落后。有的学者认定"不发达是一种心态"，因而"越来越多的学者、新闻工作者、政治家和实际从事发展工作的人，正在把注意力集中到文化上的价值观和态度在促进或阻碍进步方面所起的作用"。[①] 他们还说："文化价值观和态度可以阻碍进步，也可以促进进步。可是它的作用一直大体上受到政府和发展机构的忽视。我相信，将改变价值观和态度的因素纳入发展政策、安排和规划，是一种很有意义的办法。会确保在今后50年中世界不再经历多数穷国和不幸群体过去50年所陷于其中的贫困和非正义。"[②]说文化可以阻碍也可以促进社会进步，一个政府应该制定正确的文化政策，这个意见无疑是有远见的、正确的。

可是，如果完全不考虑以往殖民传统和当代不发达国家对发达国家的有形和无形的依附关系，把当代发展中国家的贫困以及种种社会问题都归结为文化观念落后，这种观点当然不会得到认同。人们会问，究竟是哪一种文化价值观和态度，能改变一个穷国的贫困？广大发展中的国家，能不能抛开自己的民族的传统和价值观而采用西方的价值观？也就是说，西方的自由、民主、人权观念，或者他们极力推

---

① ［美］亨廷顿、哈里森：《文化的重要作用——价值观如何影响人类进步》，第7页，北京，新华出版社，2002。
② 同上书，第24页。

行的新自由主义的经济和政治观念，能使至今仍处于贫困落后的国家和地区进入先进国家的行列吗？不可能。西方的文化观念是在西方土壤上成长的，它的自由、民主观念中的积极因素可以借鉴，但这些并非是包治百病的灵丹妙药。在一个经济落后和政治制度完全不同、有着自己文化传统的国家，以推行西方的政治观念和经济观念、改变文化观念为切入点，而不是着重于符合本国情况的经济和政治改革，往往会导致更大的混乱。

究竟用什么样的历史观观察人类的前途和命运，马克思主义的观点不同于文化史观。文化的重要性自不待言，可决定人类前途和命运的并不是作为观念形态的文化，而是社会历史的走向。文化只能作为社会结构中的一个组成部分发挥它应有的作用。它是在社会的经济和政治制度的基础上起作用的，而不是游离于经济与政治之外并从外面决定社会变化的独立因素。文化中显现的矛盾本质上是社会经济和政治矛盾的折射光，它不能单独由文化自身得到解释。以文化为切入点，当代西方学者高度重视对于文化对经济和政治的作用的研究，的确拓宽了人们的视野，使人们对历史和社会问题可以进行多角度的思考。我们应该重视西方学者包括当代西方学者的研究成果，但我们并不认同他们的文化史观。

四、当代人类困境不能简单归结为文化危机

在当代，全球性问题与经济全球化共生并进。一方面，经济全球化的浪潮势不可当，科学与技术发展迅猛，跨国资本不断扩张；另一方面，全球性问题不断激化，从自然生态的恶化到道德规范和价值观念的混乱。穷人与富人、穷国与富国的差距越来越大。吸毒和同性恋引发的艾滋病，以及人与自然矛盾尖锐化导致的新疾病严重威胁着人类。人类生存陷入前所未有的困境。西方学者把人类生存危机看成是人文危机或者文化危机。

此外，全球化问题与资本主义社会内在矛盾密不可分。西方有些学者把晚期资本主义的矛盾称为文化矛盾，认为西方社会的问题在于以个人主义为主导的文化与资本主义的经济制度和政治制度不相适应。因此，晚期资本主义的矛盾的深刻根源是文化危机。包括后现代主义文化思潮的兴起，都可以看成是当代资本主义社会矛盾的一种文化回应。

文化之所以呈现危机状态，是因为它的确出了问题。这种问题只有当人们对它的世界观、价值观念和道德观念动摇或发生信仰危机时才会产生。20世纪后逐渐沉重的对文化危机的感受，是传统观念大

裂变的表现。人们面对西方现实矛盾的不可理解性，沉迷于私有制的神圣和西方议会民主制度的成就，无视资本主义的经济和政治的内在矛盾，从而往往把资本主义社会的矛盾归结为文化问题。尽管各派说法不一，但都把视线集中在文化上。他们或者强调，由于科学技术的发展必然带来精神空间的萎缩和退化，物质生产的发展与心灵的空虚是并进的；或者强调，理性与科学的发展杀死了上帝，人们失去了宗教信仰；或者强调，对高消费的追求与人对私利的贪婪；又或者强调，由于哲学思维的错误，即主客二分而导致的对自然的无止境的掠夺。总之，人们从西方传统哲学的主客二分的思维方式，从西方启蒙主义对神学的批判和对理性与科学的张扬，以及从传统道德的失落中寻找根源，因而医治资本主义社会性的痼疾的良方妙药始终是文化的，也始终跨不出文化圈子。因此，他们认为，要解决人类的文化危机，或者回归宗教、发扬宗教精神，或者抛弃传统主客二分的哲学、倡导主客一体的哲学、倡导普世伦理和所谓"普世价值"。只要强国弱国、统治者和被统治者、富得无奈和穷得精光的人，也就是天下世人都能遵守共同的道德规范，都遵守"己所不欲，勿施于人"的黄金定律，都深信众生平等，为一切生命包括一切动物和植物争取同样的生存权利，就会天下太平，世界就会充满阳光。这种悲天悯人的人道情怀虽然令人感动，但确实也会使人迷糊，使人在面对当今现实时，弄不清问题的症结所在。

社会的发展和进步是不可阻挡的。科学在进步，生活水平在提高，人们对自然的改造能力也在不断地强化。如果社会进步的代价必然如此，当代的所谓文化危机岂不是不可避免的人类噩运？任何国家如果为了避免社会工业化带来的祸害而永远停留在农业社会岂不是万全之策吗？然而，这是不可能的。生产要发展、人类要进步、农业生产方式必然会发展为工业生产方式，这是历史发展的进步趋势，不可阻挡。后现代主义对现代化的批判，只能被看作资本主义现代化矛盾的溃烂，而不是矛盾问题的解决方式。从人类社会发展的角度来说，资本主义的现代化和工业生产方式是历史的进步，而它的消极面是历史的代价。人类付出了代价，也得到了教训。资本主义现代化和工业化并不是通向社会进步的唯一道路。

既要现代化又不要资本主义化及其各种弊病是否可能？中国特色社会主义建设所探索的就是这样一条道路。资本主义发展的历史及其现代化进程，西方社会矛盾和当代全球性问题，都显示了历史唯物主义原则的正确性。对人类历史和社会发展而言，归根结底具有最终决定作用的是生产力状况以及由其决定的社会制度。文化的重要作用以及以文化形态表现出来的矛盾，不能从文化自身而应该从文化所由产生的经济制度和政治制度得到科学的说明。在当代，一切所谓文化矛盾和文化危机，都有其深刻的社会根源。在文化问题背后，肯定存在引发文化危机的社会问题。

五、中国文化争论与中国社会发展前途的选择

在中国近现代史上，文化问题的争论总是与中国社会发展前途选择不可分割地结合在一起。自从晚清衰败，在鸦片战争特别是甲午战争以后，一些改良主义和保守派倡导"中体西用"即中学为体，西学为用。这实际上是站在文化保守主义的立场上，用东方文化优越论的观点看待西方，认为西方只有物质文明，东方即中国的精神文明是无与伦比的。精神文明高于物质文明。所以，中国人只要学习西方的物质文明——船坚炮利，就可以重振往昔天朝雄威。

接着是五四运动，这是新文化运动，实际上也是一场爱国主义的、政治性的运动。它是在推翻帝制以后，在思想文化上进一步对旧文化传统进行清算。所谓德先生、赛先生，即科学与民主的观念，这当然是西方资产阶级中的进步观念。在五四运动中，各种文化观点彼此争论，其中有一派完全用西方文化优越论观念衡量中国文化，对中国文化采取一概否定的态度，如所谓"全盘西化"论就是如此。

此后，马克思主义开始在中国的传播。马克思主义传入中国以

后，既不是站在中国传统文化优越论的文化保守主义立场，也不是站在全盘西化的西方文化中心论的立场，而是站在马克思主义立场，即对中国传统文化和西方文化采取分析的态度。这就是以马克思主义为指导，融合中西的"古为今用""洋为中用"的立场。

处在中国传统社会瓦解、矛盾尖锐、社会动向不明的上述三个时期，以文化问题作为中心的论争，从根本上说，都是一种具有社会背景的具有政治性质的关于社会前途选择的争论。如果停留在文化问题上就不能深入问题的本质。

晚清末年的"中体西用"论，是迫于西方列强瓜分豆剖和国内变革力量兴起采取的文化保守主义理论。这种理论本质上是一种面对封建王朝的大厦将倾，唯我独尊的天朝世界观难以维系的文化观。从根本上说，这是一种企图维护封建社会，又试图仿效西方的船坚炮利，富国强兵、重振天朝威仪的文化理论。

五四新文化运动，是资产阶级民主革命的深化——从推翻清王朝的政治统治，进入思想文化层面的资产阶级民主革命。所谓德先生、赛先生，所谓打倒孔家店，从根本的政治含义上说，是作为资产阶级民主革命的深化，其目标是建立资产阶级的民主共和国。可是中国社会现实和国际环境、中国资产阶级的软弱和思想理论的贫乏，都使资产阶级性质的革命难以以西方曾经发生过的方式再现。

而马克思主义文化观则是与中国共产党人关于中国社会前途的非资本主义选择相结合的。毛泽东的新民主主义文化论，是在中国建立新民主主义社会理论的一部分，是要建立与新民主主义经济、政治相适应的文化理论。它的目标是为建立社会主义奠定基础并进而最终实现共产主义。

可见，每种文化理论背后都有它的社会背景。牌面是文化问题，牌底是社会选择。中体西用——改良的封建制度；全盘西化——西方资本主义制度；新民主主义文化——新民主主义社会制度。抛开全国胜利前中国多次文化争论中存在的社会选择，就不能理解中国近现代史。因此，产生文化问题争论的社会背景在于中国社会自身，而它的解决和正确答案最终是由社会发展的前途来回答的。历史表明，从晚清以后，中国没有走上现代化道路，没有迈开从传统社会向现代社会转变的步伐并不单纯是由于文化心态，而主要是由于半殖民地半封建的社会现实。最终使中国走上独立、自主、繁荣、富强的社会主义道路的、具有决定性意义的是根本上改变经济和政治制度的革命斗争，而文化心态是在变革现实中逐步变化的。

六、社会主义先进文化建设的重要性

在人类社会发展中，文化具有它的特殊作用，但在不同时代、不同社会，它的作用并不相同。就我国当代来说，文化建设具有前所未有的重要作用，因为社会制度不同、时代不同、文化建设所承担的任务也不同。文化是依存于社会又反作用于社会的精神力量，但它并不是社会发展的决定因素。我们国家是具有优秀文化传统的古老文明国家。可是丰富厚重的文化传统并没有阻止中国盛世的没落，阻止中国近百年的落后与挨打。在社会发展中具有最终决定作用的是生产力以及由其决定的社会经济和政治制度的本质。文化的作用和这一作用的大小都是与经济发展和政治状况相联系的。只有中国共产党领导的中国革命的成功，社会主义经济制度和政治制度的建立，才使先进文化的建立成为可能，使古老的文化传统再度复兴成为可能，使先进文化对经济和政治制度的能动作用成为可能。只有在变革了社会经济和政治制度的情况下，历史才可能把建设先进文化的使命赋予当代中国共产党和中国人民。

首先，从社会结构来说，我们已经建立了社会主义的经济制度和政治制度。如果说在中国近现代史上关于文化的争论，本质上是关于社会前途选择的争论，那么这个争论，随着中国革命在全国范围的胜利而基本结束。事实证明，马克思主义关于中国社会前途的选择是完全正确的。无论是中体西用还是复兴新儒学都不能根本解决中国的问题。尽管 20 世纪 80 年代初出现了少数文化激进主义，鼓吹蓝色文明高于黄色文明，以激烈的反传统姿态主张全盘西化；90年代初又有一股微弱的文化保守主义思潮，无批判地主张复兴儒学，以传统文化的保卫者姿态出现。可是，在以马克思主义为指导的社会主义中国，这两种片面性的主张都不可能成为主流，而且必然为中国的现实发展所否定。

从中国近代历史看，包括中国革命史，文化问题的实践价值从来没有任何一个时期像社会主义时期这样明显，变得如此重要、如此突出。这是因为随着社会主义经济制度和政治制度的确立，处处显示出在中国这样一个经济文化落后、封建传统厚重的国家，要实现建设社会主义的宏伟目标，始终不渝地代表先进生产力的发展方向，稳定、发展和不断通过改革推进中国社会的发展，没有先进文化的参与是根本不可能的。社会主义制度自身把文化建设的重要性摆在夺取了政权的中国人民面前。应该说，在新中国成立以后差不多20年时间内我们忽略了文化建设的重要性。我们过多地注重"破"而没有着重"立"。由于"左"的路线和政策失误，我们不适当地开展过各种思想和理论批判，最后发展为延续十年的"文化大革命"，极大地破坏了中国文化，伤害了中国知识分子的积极性。这种状况不利于生产力的迅速发展和社会主义政治体制的完善，社会主义制度的优越性没有得到很好发挥，国家综合国力弱，人民的生活贫困。

改革开放后，随着经济和政治体制的改革逐步展开，先进文化对经济与政治改革以及发展的智力和精神的支持作用日益显现。特别是社会由计划经济体制向市场经济体制、由传统农业社会向以现代信息为主导的工业社会的转变，诸多社会矛盾和思想矛盾的由隐到显、由弱到强，极其强烈地显示了以马克思主义为指导的先进文化对调整和解决矛盾、保证社会稳定、促进改革、提高全民精神素质和道德面貌的无可替代的作用。改革开始迈步时，思想理论领域一定程度出现的某些混乱证明，没有先进文化的建设，改革开放的宏伟任务很难顺利实行。我们国家的经济和政治制度的社会性质，我们改革的性质和未来的前景，都要求我们必须同时在文化领域中坚持先进文化的前进方向。邓小平提出的"两手抓""两手都要硬"的建设社会主义精神文明的要求，十三届四中全会以来逐渐形成、完善和系统化的关于"三个代表"重要思想，其中一条就是中国共产党要始终代表中国先进文化的发展方向，这些方针都是适应并促进我们国家的社会经济制度和政治改革的需要而采取的战略性措施。

坚持先进文化成为我们党在新时期指导思想的一个重要内容，就是因为整个社会经济制度和政治制度的变化，中国共产党的执政地位及其面对的新的历史使命，赋予文化建设以新的使命和作用，使坚持什么样的文化，推动建设什么样的文化，成为执政党在思想上精神上的一面旗帜。如果说，解放和发展生产力是社会主义发展的动力，代表中国人民的根本利益是社会主义社会发展的最终目的，那么坚持先进文化则是社会主义发展的导向。没有先进文化的导向作用，社会主义的航道就会迷失方向，可没有社会经济制度和政治制度的支撑，单独的文化力量是无能为力的。只有在社会主义制度下，以马克思主义为指导的先进文化，才能以其特有的科学性和价值性，在与社会主义经济和政治的相互渗透中成为综合国力的一部分。

我们国家正处于历史上最好的时代，处于改革中的社会主义的经济制度和政治制度激活了蕴藏在人民中的活力。改革开放以来的巨大成就，已经向世界充分显示了社会主义制度的优越性，同时也表明一手硬、一手软的危害。这是我们必须坚持先进文化的原因，也是先进文化得以发挥作用的社会经济制度和政治制度的保证。我们的经济制度和政治制度要求相应的文化建设，而文化建设必须有利于巩固和发展我们的社会主义经济和政治制度。我们国家的经济制度和政治制度决定，以马克思主义为指导的先进文化建设，对社会主义经济制度和政治制度的积极作用就是无可替代的。离开了我们国家的现行制度，先进文化的建设的必要性就是不可理解的。

其次，从时代来看，我们处在经济全球化浪潮不可阻挡的知识经济时代。文化与经济、政治的渗透，使文化成为一个国家综合国力的一部分，尤其是在西方某些发达国家，文化产业成为它们重要的经济支柱。这些国家通过发达的文化产业不仅获取了高额的利润，而且变为向世界扩展文化影响、输出西方价值观念和政治观念的重要手段。

作为当代经济全球化浪潮势不可当、知识经济时代已经来临的社会主义中国，理所当然地要重视文化建设。我们同样要发展文化产业，使它成为重要的经济部门，在经济中占有越来越大的份额。这不单纯是经济问题，同时也是坚持社会主义文化阵地，在世界文化交流和竞争中，发挥社会主义的经济、政治和思想优势。是当代世界的现实状况，使社会主义先进文化建设在我国社会生活中扮演重要角色；也只有经过五十多年的社会主义建设的积累，特别是改革开放以来经济的高速发展和科学技术的发达，才能使文化借助经济和科学技术力量转化为文化产业，成为国民经济的重要支柱。不实行社会制度的变革和改革，国弱民穷，所谓文化产业也就无从谈起。

最后，当代中国社会主义文化建设的重要性，关系到在新的历史条件下中国共产党能否保持先进性，能否实现全面建设小康社会的伟大历史使命和民族文化的复兴问题。

中国共产党是以马克思主义为指导思想的党，是中国近代政党史上最具先进性的党。可党的先进性是历史的时代性的具体概念，在文化处于多元化状态、各种形态和性质的西方文化输入的情况下，代表先进文化前进方向，是中国共产党能否始终保持先进性的精神支柱。江泽民说，"坚持什么样的文化方向，推动建设什么样的文化，是一个政党在思想上的一面旗帜"，讲的就是文化问题在当代中国对党的建设所具有特殊意义。在夺取政权时，文化战线是一条重要战线，由于夺取政权的需要，肯定要在文化思想战线对一切腐朽没落的旧思想、旧文化进行批判和战斗。不如此，革命不可能胜利。

当代中国社会形势发生了根本性变化。特别是随着改革开放的进展，多种经济成分的存在和文化多样性的现实，市场经济条件下文化的产业化和文化消费市场的扩大，文化产品的经济价值的凸显，都使正确处理多种文化形态的关系，正确把握文化发展的方向，文化及文化产品的社会效益与经济效益的关系，成为对市场经济条件下处于执政地位的共产党和各级领导所面临的一种新考验。因为夺取政权时，文化是要"赔钱"的，革命必须为文化战线付出经济代价。而在市场经济条件下，文化产业可以成为巨大的经济收入来源，从而加大了牢固树立马克思主义在文化市场的指导地位、把握文化前进方向的难度。对处于执政地位的共产党来说，在文化领域中坚持什么，反对什么，是在改革开放条件下能否保持先进性的重要方面。一个在文化领域中放任资产阶级自由化思潮，放任各种黄色文化、黑色文化流行的所谓马克思主义政党、共产党都是打引号的。因为，这种文化流行的结果，是从思想上和理论上瓦解和腐蚀处于执政地位的共产党自身。

对我们党和国家面临的任务来说，全面建设小康社会这一宏伟目标中就包括文化建设。小康社会是对社会主义理想的一种中国式的表达。我们建设的是社会主义的小康社会，或者说是小康式的社会主义社会。如果仅仅追求经济发展和生活富裕并不一定是社会主义。丹尼尔·辛格在《谁的新千年?》一书中批判戈尔巴乔夫的社会主义观时说，"在他看来，社会主义归根结底就是一种繁荣的资本主义，那时的国家是福利性的，那时的最低工资是体体面面的"，"戈尔巴乔夫毫无疑问转向了资本主义"。① 马克思主义的社会主义是包括追求社会共同富裕和社会与人的全面发展的社会。先进文化建设是其不可分割的重要组成部分，它包含在物质文明、政治文明、精神文明协调与和谐发展的要求之中。我们不可能设想没有以马克思主义处于主导地位的文化的高度发展，没有与社会主义法律规范相协调，与中华民族传统美德相承接的社会主义思想道德的建设，没有科学、教育和文化事业的繁荣，仅有较高的国民经济产值怎能被称为社会主义的小康社会? 没有先进文化对经济和政治的渗透，生产力中的科学技术含量的提高和经济持续增长都是不可能的。更不用说，没有先进文化的建

---

① ［美］丹尼尔·辛格:《谁的新千年?》，第26页，北京，中国人民大学出版社，2002。

设，要培养一代又一代有理想、有文化、有纪律的公民，逐步实现人的全面发展是永远无法实现的乌托邦。这样的小康社会只能是空中楼阁。

实现中华民族的文化复兴不单纯是文化问题，它必须依靠社会主义的经济制度和政治制度。中国是世界著名的文明古国，具有丰富的文化传统。可是，只有在中国革命获得胜利并实行改革之后，中国传统文化中的积极因素才能逐步得到发挥，并成为培育民族精神的丰富养料。一个经济上受剥削、政治上受压迫的民族，在文化上同样是受压迫的。因此，一个民族的经济和政治的解放，必然也是文化的解放，使长期被压抑、被淹没、被遗忘的东西重新被世界认识和赞赏。社会主义时代的中国的孔夫子不同于旧中国的孔夫子，就是因为当代中国不同于历史上风雨飘摇的旧中国。一个民族的优秀文化的没落和中断，最根本的就是这个民族的没落。历史上为数不少的文明古国和曾经辉煌一时的文化湮没无闻，都是由于生产力的停滞和国家的衰败。在当代中国，先进文化的建设应该力求与经济和政治建设协同，而先进文化建设同时也是复兴中华民族传统文化的必经之路。因为文化传统中的优秀遗产，只有在民族文化的延续和重建中才能得以发扬光大。

在当代中国，文化的重要性是不言而喻的。但是，我们同样清楚，只有一个稳定和不断发展的社会主义制度，只有经济发展和政治清明，才能使先进文化的建设和坚持先进文化前进方向成为可能。如果不理解文化的社会制约性，文化建设就会由于失去强化社会主义经济制度和政治制度的积极作用、失去经济的强力支撑和政治的制度性保证而流为空谈。可是，如果不重视文化在思想理论上的先导作用，就会阻碍经济和政治的发展。我们应该记住一个简单真理：文化不能空洞化，文化的内容永远是社会的；文化不能虚无化，它以一种无形的所谓软力量在不断影响社会。文化只有在与经济和政治的相互作用中，只有与硬力量即经济与政治军事实力相结合，这种软力量才能显示它的意义和价值。问题是文化并不是终极原因，也不是解释一切问题的万能钥匙。文化的力量及其在不同社会中的作用归根结底必须从社会自身得到解释。因此，能否正确理解经济、政治和文化的相互关系，答案是大相径庭的。

我们高度重视文化的当代价值，但要防止文化决定论，不能把一切社会问题归于文化，一切求于文化，而应该对文化的作用、意义及其社会制约性做出历史唯物主义的解释。越是坚持历史唯物主义，就越能正确理解文化的作用和价值。对文化作用的正确理解，关键是科学地理解社会结构，从经济、政治、文化的关系及其相互作用中把握文化的作用。毫无疑问，文化是社会发展的重要因素，但不是社会发展的决定因素。这是我们应该坚持的一条基本原则。

中篇 ◎

文化自信中的传统与当代

/ 01

文化自信中的传统与当代

　　文化自信不是一个简单的文化口号。不懂中国历史，尤其是不懂近百年中国的奋斗史，不懂中国共产党的革命和建设历史，就难以理解文化自信的丰富历史内涵；不懂得马克思主义传入的重要意义，不懂得中国传统文化的创造性转化和创新性发展，不懂得红色文化和社会主义先进文化的创立是中国文化在当代的发展，就不懂得文化中的传统与当代的辩证关系。固守传统和抛弃传统，都是中华民族文化的断流。文化自信既是基于我们民族苦难和奋斗史的文化自觉与自豪，又是我们民族寻找自身伟大复兴之路的文化史的历史展示。这是一种既热爱自己的民族文化又海纳百川的包容精神，既积极奋进又不卑不亢的文化精神。我们要在文化自信的基础上，建设文化大国、文化强国。

一、文化自信与民族解放

一个民族的文化和民族独立密不可分。民族是文化的主体，文化是民族的灵魂。与民族的兴衰相伴随的是民族文化的繁荣或衰落，甚至中断。

中国之所以有一部比较完整的中华民族发展史，有 5000 年连续不断的文明，有保存比较好的文化经典，主要是因为我们的先人在这块土地上经过世世代代艰苦的开拓、发展、融合，逐步形成统一的中国。尽管在长达几千年的历史中，我们有过多个政权的并存，也有过不同民族处于统治地位，但中国始终保持着一个独立的国家存在。民族是文化的主体，国家不亡、民族不分裂，文化才不会变为无所依靠的游魂。中国只是在近代面临民族存亡危机时才出现所谓真正的文化危机。文化危机的重要表现是丧失民族自信心，是文化自卑和对传统文化的自暴自弃。这是文化的悲哀，更是民族的悲哀。

在明中期以前，中国既是世界上经济最发达也是文化最发达的国家。商周时代典籍，战国时的诸子百家，汉代雄风，盛唐气象，两宋文化之高度发展，都是世界文化史的辉煌篇章。毛泽东说过："在中华民族的开化史上，有素称发达的农业和手工业，有许多伟大思想家、科学家、发明家、政治家、军事家、文学家和艺术家，有丰富的文化典籍。"①中国的文化具有巨大的影响力，向周边国家辐射，在东亚形成了儒家文化圈。

在当代中国，文化自信是具有时代性的命题。它既是一种文化的自觉与自豪，是反对"西方文化中心论"，反对由于清中后期列强入侵、中国落后于西方所产生的民族自卑和文化自卑，又是吹响推动中华民族复兴的精神号角。在中国历史上，从来不存在文化自卑问题。这一点，最早来中国的耶稣会传教士利马窦也承认："就国家的伟大、政治制度和学术的名气而论，他们不仅把所有别的民族都看成是野蛮人，而且看成是没有理性的动物。在他们看来，世上没有其他地方的国王、朝代或者文化是值得夸耀的。"当然，这种文化自信中存在着某种天朝大国的盲目性，但至少说明，文化自信是国家强大的表现，而自信心的丧失是附着在民族危机心灵上的文化毒瘤。

西方资本主义兴起时，中国仍然是农业生产方式占主导地位的社会，并且开始落后于西方。而当西方帝国主义列强以炮舰政策敲开中国的大门并连续对中国进行洗劫式的侵略和掠夺、迫使中国签订一系列不平等条约、中华民族面临民族存亡危机的时候，有些人丧失信

---

① 《毛泽东选集》第 2 卷，第 622 页，北京，人民出版社，1991。

心，但深受中国文化精神培育的中国人民并没有失去民族自信。鲁迅先生在他的著名文章《中国人失掉自信力了吗》中以匕首投枪式的文字，痛斥一些人丧失民族自尊心的消极言论，他满怀热情和自信地指出："我们从古以来，就有埋头苦干的人，有拼命硬干的人，有为民请命的人，有舍身求法的人，……虽是等于为帝王将相作家谱的所谓'正史'，也往往掩不住他们的光耀，这就是中国的脊梁。"

有论者断言，在近百年中国历史上，是中国共产党和马克思主义的传入，斩断了中国传统文化的血脉，导致中国传统文化的危机。这种说法当然是罔顾事实的。事情正好相反。中国共产党的产生是中国历史上开天辟地的大事。马克思主义的传入，改变了中国文化的原有结构，并增添了许多新的科学元素。在以马克思主义为指导的中国共产党领导下，中国革命取得胜利，中华民族从此站起来了。中国人民革命的伟大胜利，中国人民的解放，重新恢复了中华民族生气勃勃的民族生命力和文化自信心。

任何一个客观公正的观察家都不能否认，与清末不断割地赔款、视洋人如虎相比，与北洋时期军阀混战、各自依靠洋人以求靠山相比，与国民党统治时期民生凋落、经济落后、政治腐败相比，正是中国共产党领导的革命胜利和中国的崛起，打破了长期处于主导地位的"西方中心"论，清洗了一些人头脑中的民族自卑感和殖民地心态，迈开了中华民族伟大复兴的步伐，并为中华民族文化复兴开辟了广阔的空间。正是在中国共产党领导下，中国传统文化大步走出国门，使在文庙中孤独自守的孔子遍游世界，让孔子学院在不少国家安家。正是在当代，汉学在西方成为一门热学，学习中文、学习中国传统文化成为世界文化交往中的一种新景观。正是在当代，海外中国文化中心如雨后春笋般地出现。习近平总书记在2016年"七一"讲话中说："当今世界，要说哪个政党、哪个国家、哪个民族能够自信的话，那中国共产党、中华人民共和国、中华民族是最有理由自信的。"习近平总书记掷地有声的话，道出了一个真理：只有在中国共产党领导下获得民族的独立和解放，才能信心满满地自主选择自己的发展道路和制度，才能清除帝国主义和殖民地文化的影响，复兴被列强践踏和蔑视的中国传统文化。中国共产党是中国传统文化的继承者和发扬光大者，因为正是中国革命的胜利才使处于衰落中的中国传统文化得以复兴。

文化自信绝不是文化自大，更不是文化上的闭关锁国或拒绝文化交流。这不是文化自信，反而是文化不自信的怯懦。中华民族自古就信奉和而不同的原则，是最能吸收外来文化的。汉唐时如此，近代更是如此。在近代，我们努力向西方学习，我们翻译西文名著。当中国共产党还偏处陕北小城延安时，毛泽东就以他的世界眼光指出："中国应该大量吸收外国的进步文化，作为自己文化食粮的原料，这种工作过去还做得很不够"，"各资本主义国家启蒙时代的文化，凡属我们今天用得着的东西，都应该吸收"。改革开放以来，我们更注重文化交流，也更有条件进行文化交流。我们在向世界介绍中国文化的同时，努力向外国学习。这些年来，中国派往外国的各类留学生之多是空前的。中国提出的"一带一路"战略，不仅是一种经济交往，也是一种文化交往。千百年来，丝绸之路在民族文化交流中留下了许多辉煌的篇章。"一带一路"的建设，除了经济价值外，在文化交流上同样具有重大价值。

世界历史和中国历史都证明，民族的灾难也是民族文化的灾难，只有民族复兴才能为民族文化复兴开辟道路；也只有坚持民族文化精神，才不致陷于国家分裂和被奴役的悲惨境地。中国优秀文化的基本精神，在中华民族处于困境和危机时，给予革命者以前仆后继、英勇奋斗的精神支撑。一个真正爱护中华文化的人，应该珍惜我们得之不易的民族独立和解放；而一个真正爱国主义者必然从内心深处珍爱和礼敬自己的民族文化。

西方资本主义兴起与扩张在文化上的表现，最突出的就是鼓吹"西方中心"论；而与民族文化危机相伴随的是一些人失去对中国文化的信心，抱有殖民地文化心态。当代中国已是处于中华民族伟大复兴征程中的中国，是建设中国特色社会主义并已取得卓越成就的中国。我们重树文化自信，应以平视态度对待西方文化。西方某些国家的政客和依附他们的学者仍然怀着旧殖民主义者的文化自大狂，把西方价值观念和资本主义制度模式化，并将其视为放之四海而皆准的普世模式。"普世价值"论的本质就是西方文化优越论、西方民主制度普世论和资本主义制度历史终极论的大杂烩。这是以西方文化优越论为底色的资本主义制度的优越性和不可超越性的话语霸权。

国内有些学者也乐于贩卖西方的所谓"普世价值"论。当这个问题被引向价值是否具有普世性的烦琐争论时，最容易掩盖西方"普世价值"论的政治本质。当有些学者认为反对西方的普世价值观，就是反对世界文明，就是离开人类共同发展的文明道路时，这些说法本质上仍然是沿袭统治世界几百年的殖民主义的"西方中心"论翻版，只不过把当年"西方文明优越论"变为"西方普世价值优越论"，把它作为各国必须推崇的圭臬。在当代，西方输出"普世价值"，同当年殖民主义者输出文明，异曲同工，如出一辙，目的都在于把西方制度和道路作为唯一模式来改变世界。

我们反对的是西方包藏政治图谋的"普世价值"论，而不是反对自由、民主、平等、人权、法治这些人类认可的共同价值。早在民主革命时代，中国共产党就提出"建立独立、自由、民主、统一和富强的新中国"的目标。当中国获得民族独立和民族解放后，中国共产党并没有违背自己的纲领和承诺，而是迈开了建立自由、民主和富强的新中国的步伐。当然，道路并不平坦，我们有过挫折和失误，但我们在不断总结经验和教训中前进。六十多年来，尤其是改革开放以来，我们在自由、民主、平等和人权制度的建设方面不断完善和取得进步，我们完全有能力、有信心建设既有民主又有集中、既有自由又有纪律的社会主义民主制度。

在中国特色社会主义的话语体系中，文化自信是与道路自信、理论自信、制度自信不可分的。文化自信，是更基础、更广泛、更深厚的自信。因为在中国特色社会主义道路、理论和制度中，都贯穿着中国文化的自强不息、实事求是、海纳百川、与时俱进的基本精神，都能找到最适合的中国历史和文化传统，都有最适合世情、国情、民情的道路和保障人民各种基本权利的社会主义民主制度。

二、文化是有机整体

文化自信，是一个包括对中国传统文化、红色文化和社会主义先进文化在内的自信。这种自信，既是对我国历史上博大精深、为人类文明创出不可磨灭的贡献的文化的敬意，也是对创造中华民族文化的我们祖先的礼敬；同样，对红色文化和社会主义文化的自信，包含对永不屈服、前仆后继的革命先烈的崇敬，也包含对社会主义建设时期的无数先进人物及其文化成果的敬意。只有对传统文化的自信而没有对红色文化和社会主义文化的自信，这种自信是不完整的，而且也是不可能的。一个民族的文化是一个有机整体，既有传统文化也有当代文化。最有生命力的文化是传统与当代最佳结合，既继承传统又推陈出新，各领风骚。一个民族的传统文化受尊重的程度，与它对现实的巨大影响是正相关的。优秀传统文化的作用就表现为它在塑造一个民族的性格和民族精神上具有伟大作用，表现为它的基本精神和智慧为后世子孙克服困难、自强不息提供精神动力和源泉。

文化不是塑像，也不是死水，而是活的机体。文化必须适应社会的变化而变化。传统文化要能够存在和发展，必须表现为一种不会中断的传统。没有传统的传统文化只是一个空名，而非实有；不再传承的传统文化表明文化的失传，这种失传的传统文化已无迹可寻，它的存在是不可知的，它已不再是传统文化，而是已经死去的失传的文化。没有传统文化，当然谈不上文化传统；没有文化传统，意味着传统文化的中断和消失。传统文化是依靠文化传统而延续的。可以说，没有一个现存的文化中不包含传统文化的因素。传统与当代绝对对立的二分化思维，是一种形而上学的思维。

经济并不能重新创造一切。创造文化的是人，而人总是从已有的思想资料中寻找可供构建与新社会制度相适应的文化形态。这就决定了任何社会的文化都不能摆脱传统。中国优秀传统文化能否传承和发扬光大，取决于这种文化在当代的生存状况，正是在中国红色文化和社会主义先进文化中以其科学性、民族性和大众性，彰显出优秀传统文化的生命力和中国文化的精神基因的存在。

有的学者把五四新文化运动和"文化大革命"视为中国传统文化的两次灾难。这是夸大其词，也是误导。五四新文化运动反对旧道德旧礼教，提倡科学与民主，是中国现代史上的进步运动。它形成了爱国、进步、民主、科学的"五四精神"，拉开了中国新民主主义革命的序幕，促进了马克思主义在中国的传播，推动了中国共产党的成立。五四新文化运动的不足之处，与它的历史价值和意义相比是次要的，把摧残中华民族文化的罪名强加在五四新文化运动头上，是一种错误的文化保守主义的历史观。至于"文化大革命"中的所谓"破四旧"和对儒学的片面批判，确实是对中国传统文化的一次伤害。这种极"左"思潮，伤害了中国传统文化和一些对中国文化做出杰出贡献卓有成就的文化名人。这是我们深刻的历史教训和难以抹去的记忆。但这种对待传统文化的极"左"思潮，也是违背中国共产党和毛泽东本人对待中国传统文化的一贯主张的。它并不能代表中国共产党一贯的文化政策和主张，而是一次重大的错误。把"文化大革命"中的"破四旧"和"批孔运动"与五四新文化运动捆在一起，实际上是企图一笔抹杀近百年来中国在反对"全盘西化"和反对"文化保守主义"思潮中的成就和进步，为已被历史淘汰的旧文化思想招魂，是为所谓告别革命、开启新启蒙运动做思想理论铺垫。

马克思主义不是文化虚无主义，在如何对待文化传统问题上，马克思主义的观点是明确的。有些人往往错误理解《共产党宣言》中关于"两个决裂"的论述。其实马克思和恩格斯说的与传统观念的彻底决裂，指的是与传统所有制（私有制）相一致的观念，即私有观念的决裂，而不是与传统文化的决裂。马克思和恩格斯自己在创立马克思主义过程中，就充分吸收德国古典哲学、英国古典政治经济学和法国空想社会主义的积极成果。列宁在《我们究竟拒绝什么遗产?》《青年团的任务》《论无产阶级文化》，毛泽东在《新民主主义论》中，都指出了应如何对待传统文化的正确态度。

在文化自信中，我们既要重视传统文化，又要重视红色文化和社会主义先进文化。在继承文化传统问题上，我们绝不要忘记两个传统。我们不能忘记中国优秀文化传统，同样也不能忘记中国人民在革命斗争中以鲜血和生命创造的革命传统。革命传统，就是红色文化的传统。中国革命传统中就凝结了中华民族的优良传统，是中国传统文化的积极成果在新的形式中的延伸和再创造。我们从无数革命先烈身上可以看到那种"富贵不能淫，贫贱不能移，威武不能屈"和"苟利国家生死以，岂因祸福避趋之"的精神，就是中华民族优秀传统文化的基本精神。正是由于新的革命传统的承继，中国传统文化才没有发生像其他几个文明古国那样的传统文化的中断和没落。

我们正是在继续发扬上述两个传统的基础上，从事社会主义先进文化建设的。如果抛弃两个传统，数典忘祖，或忘记红船精神、井冈山精神、长征精神、西柏坡精神等，就无法理解社会主义时期先进人物的出现，无法理解在改革开放时期所呈现出的勃勃生机。我们完全可以说，社会主义先进文化以及为社会主义建设、为改革开放做出杰出贡献的先进人物，就是中华民族的优秀传统与中国革命传统精神相结合的当代表现。可以说，我们的文化自信，就是在上述两个传统基础上继续向前推进。我们应该继续在继承两个传统的基础上，建设文化大国、文化强国。

三、文化自信与知识分子的社会责任

我们对传统文化自信，与我们对历史上文化经典和文化名人的崇敬是不可分的。文化需要创造，创造文化并做出卓越贡献的人，是我们最为敬仰的文化名人；而文化的载体是作品，尤其是传诵不衰的不朽名篇。翻开中国思想史、文学史等各类史书，无论是战国时的诸子百家、魏晋玄学、宋明理学，还是楚辞汉赋唐诗宋词元曲明清小说，都有一连串永不忘怀的文化名人和光耀夺目的名篇巨著。一个个做出不朽贡献的文化名人，像一座座矗立在中国文化发展高峰上的塑像；而一部部名篇巨著仿佛耀眼夺目的璀璨珍珠。在当代，我们同样需要培养文化名人，需要名篇巨著，为子孙后代留下宝贵的精神财富。这是新时代中国知识分子的历史使命和社会责任。习近平总书记在文艺工作座谈会上的讲话、在哲学社会科学工作座谈会上的重要讲话都发出这种号召，号召我们致力于创造无愧于我们时代的名篇巨作。

我们有些学者喜爱谈论士的精神。中国传统的士，主要是儒家讲的君子，应该是在道德上有标准，在文化上有贡献，是立德、立功、立言的人。无论是论语中曾子的"士不可以不弘毅，任重而道远"，还是吕氏春秋中的"士之为人，当理不避其难，临患忘利，遗生行义，视死如归"都是对士的要求。这种要求表现在范仲淹的"居庙堂之高则忧其民，处江湖之远则忧其君"的名言中。一篇《岳阳楼记》，文以人传，人以文传，无论在文化上还是在人格上都足以垂范后世。至于张载的"为天地立心，为生民立命，为往圣继绝学，为万世开太平"，把士人即读书人的责任提高到无以复加的地步。我们应该继承的是这种人格精神和文化精神。今人所谓独立之人格、自由之精神之可贵，正在于它能坚持以人民为中心，不依附资本和权贵，不曲学阿世，通过学术自由和独立思考，创造出足以与我们时代要求相符合的作品，而不是以所谓独立人格和思想自由为标榜，俯视人民，与历史潮流相背而行。"横眉冷对千夫指，俯首甘为孺子牛"的鲁迅精神应该是我们的榜样。我们不要害怕文化名人。我们不是名人太多，而是名人太少。社会主义需要的是既具有独立人格和自由思想，又具有创造性的文化名人。

如何对待传统文化的问题，党的十八大以来，习近平总书记对中国传统文化做了许多重要论述。这些是我们正确对待中国传统文化，增强文化软实力，培育和践行社会主义核心价值观的指导原则。其中一个最重要的观点，就是习近平总书记提出的创造性转化和创新性发展问题。这是我们正确对待中国传统文化的总开关，是对毛泽东在民主革命时代提出的对待传统文化"取其精华，去其糟粕"思想在新时代的发展。

创造性是人类活动的本质特征，但不同领域各有特点。在技术领域，创造性表现为发明，新工具取代旧工具，新技术取代旧技术；在科学领域，表现为发现，发现新的规律，提出新的原理。它的进步方式不是取代，而是新领域的拓展和新原理新规律的发现。人文文化的创造性，既不是取代，也不是新规律的发现，而是原有传统文化的不断积累和创造性转化。恩格斯充分理解文化传承的这个特点，他曾经说过："在希腊哲学的多种多样的形式中，差不多可以发现以后的所有观点的胚胎、萌芽。"当然，胚胎、萌芽终究是胚胎、萌芽，想要成长为文化参天大树还必须不断地积累新的思想和进行创造性转化。在当代世界，完全停止在胚胎、萌芽阶段，重复希腊哲学的命题和思想是不可想象的。同样，在当代中国完全停留在我们先人智慧中包含的胚胎和萌芽中，只是"拿来主义"，也是不可想象的。

有的学者倡导研究中国传统文化要"原汁原味"。这很有道理，对于治疗任意解读经典的主观诠释是一剂良药。但"原汁原味"不能绝对化，绝对化就不存在创造性转化问题。完全的"原汁"很难，因为经典也会存在各种版本，很难说哪个就是绝对的"原汁"，古代没有著作权，也没有知识产权保护法，各种文本的差异性是存在的。"原味"更难，因为每个时代、不同学者会对同一论断做出不同的解读。《论语》《孟子》《大学》《中庸》这些儒家经典的注家众多，不乏歧解。可以说，对中国著名经典中不少论断都会有不同的解读。中国文化经典的凝练的语言，简单的句式，留有不同解释的多种空间。如果都要单纯追求"原汁原味"往往会争论不休。某句话、某个命题"原汁原味"的问题留给学者们去研究吧，对中国社会主义先进文化建设来说，最重要的是适应该时代、立足现实进行创造性转化和创新性发展。这一过程也就是经过自己口腔的咀嚼，肠胃的消化，吸收营养，排出消化后的废物。这种研究方法，重点在于认真学习经典，体会和吸取其中深刻的智慧，而不是寻章摘句、断文释义。这有利于从中国传统文化中吸取其合理思想来创建社会主义核心价值观和新的道德规范。

"取其精华，去其糟粕"是根本原则。不能认为传统文化都是精华，不存在糟粕，凡是能传下来的都是精华，糟粕都被历史淘汰掉了。这种看法只说对了一半。留下来的是精华，但也会留下糟粕。因为传统文化的流传和继承并非只决定于文化自身，还存在人的选择，尤其是处于统治地位的统治者，他们是按照自己的标准来进行文化传承和选择的。因此，文化传统的演变并非与社会无关的文化自身的演变，必然同时会经历一个过滤和筛选的过程。虽然什么是精华，什么是糟粕，不像苹果，烂在哪里一目了然，可以切去烂的，保留好的。传统文化是一个复杂的机体，精华与糟粕如水入泥，混在一起。因此，继承传统文化不可能是简单的拿来主义，而必须经过自己的嘴咀嚼，经过肠胃的消化，这就是阅读和理解。按照创建社会主义先进文化的要求，精华与糟粕是可以区分的。传统文化中具有民族性、科学性、人民性因素的都属于精华，而一切封建的、迷信的、落后的东西都是糟粕。

有人怀疑，经过创造性转化和创新性发展的传统文化还算中国传统文化吗？如果中国传统文化无须在实践中被激活、无须转化、无须发展，表面上是尊重传统文化，实际上是贬低传统文化。一种既不能转化又不具有当代价值的传统文化是僵死的文化，是没有生命活力的文化。这样的传统文化永远与当代现实无关，而只与它产生的原来社会相关，它已在历史中死亡。其实，中国传统文化的价值正在于它是源头活水，而不是一潭死水。当然，传统文化如何实现创造性转化和创新性发展，是一个严肃的科学研究工作，不是乱批三国式的插科打诨，也不是削足适履，而是在尊重原典读懂原典的基础上，真正从中吸取智慧。在这里关键是要坚持马克思主义的基本观点和方法，中国传统文化转化和发展，与马克思主义和中国传统文化相结合，应该相携而行。既不是歪曲中国传统文化，把今人的东西挂在古人头上，又能从传统文化蕴藏的智慧中生发出与时代相适应的新的诠释。

社会主义核心价值观的形成可以看成是传统文化创新和转化的一个范例。我们不是以与中国传统文化范畴一一简单对照的方式来形成社会主义核心价值观。我们是立足社会主义制度的本质和实践，通过理解传统文化思想和道德观念的基本精神和家国一体的原则，形成国家、社会、个人三者统一的社会主义核心价值观。正如习近平总书记说的，"培育和弘扬社会主义核心价值观必须立足中华优秀传统文化。牢固的核心价值观，都有其固有的根本。抛弃传统、丢掉根本，就等于割断了自己的精神血脉。博大精深的中华优秀传统文化是我们在世界文化激荡中站稳脚跟的根基"。

在当代中国，现实生活中出现一些乱象，包括腐败问题严重，社会道德风气不正，不少人因房产、遗产、拆迁补偿而对簿公堂，父子反目、手足成仇，滋生了种种失去道德底线的人和事，这是传统与当代问题面临的困境。这种困境其实在西方同样出现过，而且现在仍然在发生，否则就不会出现后现代思潮，也不会出现以亚洲价值观医治西方现代化之病的呼声。

改革开放以来，我们经历了深刻的社会变化，其中一个重要变化，就是由计划经济向市场经济转变。与此相伴而生的就是面对市场经济，如何有效地调适传统文化和道德规范与当代的关系问题。市场经济有它不可替代的积极作用，在当代中国要发展生产力和解放生产力，必须实行市场经济。中国改革开放以来取得举世瞩目的成就，就与实行市场经济的改革相关，但市场经济也有它消极的一面。市场经济是以货币为中介的经济。市场经济必然重视钱，一切交换都通过钱，一切都需要钱。正如马克思在《1844年经济学哲学手稿》中说的，货币作为普遍等价物必然会颠倒了一切价值关系。当代西方经济学家

W. 阿瑟·刘易斯在《经济增长理论》中也看到了由传统到当代面临的道德困境。他说:"因为他们不再生活在一个义务以身份为基础的社会里,而进入了一个义务以契约为基础,而且一般又以与没有家庭关系的人的市场关系为基础的社会。这样,以前,一直是非常诚实的社会可能变得非常不诚实。"正因为这样,我们强调我们建立的市场经济是社会主义市场经济。社会主义这一定语不能是包装,而必须是实质,要以社会主义制度和原则来调适传统与当代之间的种种矛盾。

当然,社会主义市场经济也不能完全避免消极面,但不能因此而否定市场经济改革,回归原来的计划经济。这里涉及一个制与治的问题。制,是基本制度;治,是治理能力和治理方式。社会主义市场经济是社会主义初级阶段资源配置得比较好的制度,但不见得我们就有依法管理市场经济的方法和能力。因此,制与治是有所不同的。当年柳宗元在《封建论》中反驳一些否定秦始皇确立的中央集权的郡县制、主张回归分封制的观点时说,"咎在人怨,非郡邑之制失也"。秦二世而亡不在制而在治,也就是说,导致秦二世而亡的原因,在于国家治理,即二世无道,实行暴政,而不在于中央集权和郡县制。中央集权和郡县制并不必然是暴政。同理,当前市场经济条件下出现的乱象,不在于实行社会主义市场经济制度,而在于治理,也就是必须有一套治理和管理市场经济的法律和道德规范。对市场导致的两极分化、市场失信现象，对各种市场乱象必须实行有效的治理。市场必须管，必须治。放任的市场经济，必然导致两极分化，导致社会诚信缺少、道德败坏。治理市场经济与市场经济在资源配置中的决定作用并不矛盾。政府应该有政府的管理职能和治理规则，其中包括现代立法与社会主义道德教化。面对当代社会的深刻变化，我们必须适应新的历史条件，使传统文化与道德规范通过创造性转化能有效地化解传统与当代的矛盾，推动社会向前发展，而不能对建立在血缘关系和小农经济基础上的传统道德规范怀着一种温情的浪漫主义迷恋。这既不现实，也不可行。

/ 02

中国传统文化的当代价值

　　中国社会主义建设的伟大成就，东亚儒家文化圈国家和地区的经济飞速发展，把以儒家为主体的中国传统文化推到世界文化舞台的前列。但是，我们不赞同以"东方文化主导论"代替"西方文化中心论"。我以为，在不同的国家和地区，中国传统文化的作用是不同的，对此应该具体情况具体分析。

一、对西方资本主义国家的文化交流作用

　　在西方，资本主义化和现代化是同一过程。西方的现代化是通过资本主义方式实现的。资本主义社会大大推动了生产力的发展和科技

进步，城市和农村、工业和农业已经或正在更加现代化。西方资本主义现代化的进程，对世界其他地区也产生了影响。由于资本扩张的特点，西方资本主义国家在把商品推向世界的过程中，也力图按照自己的方式来塑造世界。马克思和恩格斯说："资产阶级，由于一切生产工具的迅速改进，由于交通的极其便利，把一切民族甚至最野蛮的民族都卷到文明中来了。它的商品的低廉价格，是它用来摧毁一切万里长城、征服野蛮人最顽强的仇外心理的重炮。它迫使一切民族——如果它们不想灭亡的话——采用资产阶级的生产方式；它迫使它们在自己那里推行所谓的文明，即变成资产者。一句话，它按照自己的面貌为自己创造出一个世界。"①其实，资本主义现代化并没有把世界现代化，而是为自己创造了一些大大小小的殖民地和半殖民地。它在一定程度上影响了某些国家的历史进程，同时也给它们带来破坏和灾难。

不仅如此，在资本主义国家，各种矛盾和弊端日益恶化。早在19世纪马克思和恩格斯就看到了这个征兆。马克思在1844年的手稿中提出资本主义社会中人的异化问题、提出以货币为中介的交换关系带来的价值观念的颠倒和道德的沦丧问题以及过度消费带来的人的需要的非人化问题。《共产党宣言》在肯定资本主义的革命作用的同时，

---

① 《马克思恩格斯选集》第1卷，第276页，北京，人民出版社，1995。

也讲到由于人与人的关系被淹没在赤裸裸的利害关系的冰水之中而带来的对一切神圣东西的误读，摘除了精神产品的光环。后来马克思在1857—1858年的手稿中又提出物质生产和精神生产发展的不平衡问题。恩格斯在《自然辩证法》中对资本主义制度下自然对人的惩罚问题发出了警告。这些在20世纪以征兆出现的现象在20世纪特别是最后几十年变为顽疾。在这种情况下，各种社会理论都应时而生。由经济发展论变为社会发展论，进而发展为可持续发展论；由现代化发展为后现代化、后工业社会，等等。特别是后现代主义对资本主义制度下各种矛盾的抨击更为猛烈，他们都各自在自己的眼界范围内发现并企图消除现代化的弊端。其中有些学者把目光转向东方，转向中国的传统文化特别是儒家文化，力图把儒家文化作为消除资本主义现代化弊端的良药。

站在西方资本主义现代化的立场，很容易把中国文化看作凝固保守的、阻碍现代化的文化，而站在所谓后现代化的立场上，往往关注中国传统文化的宁静与和谐，把它看作后现代化的文化。西方现代化进程中出现的城市化使人们远离自然，家庭结构的松弛改变了人们的血缘纽带和人际关系，使人们渴望亲情和乡情；过度的欲望、对金钱的过度追求、过度的消费，使人们向往淡泊与自尊；环境的恶化和都市的喧嚣，使人们倡导回归自然。西方某些学者们期望借助对中国传统文化特别是儒家伦理的引入，在高科技的高度现代化的工业社会里嫁接一个和谐淳厚的人际关系。如果后现代主义对资本主义的批评是破坏性的，那么这种期待则是挽救性的。这当然是一种幻想。从这种幻想中，人们看到了对资本主义现代化的矛盾和弊端引起的不满，看到了对中国传统文化的重新估价和新的期待。

企图通过中国传统文化来完全化解资本主义现代化的矛盾是不可能的。西方现代化中的问题是社会问题。以生态危机、价值观念和道德观念的危机、家庭结构的解体、性关系混乱以及各种各样的社会问题表现出的危机状态，不是简单的文化危机，而在于它的社会结构本身。没有任何一种外来文化能使西方摆脱现代化进程所陷入的困境，根本解决矛盾的手段和途径存在于资本主义社会自身。

但是从文化交流角度看，西方人瞩目中国传统文化是非常有意义的。尽管在历史上，中国的四大发明如罗盘针、火药、造纸和印刷术对西方资本主义社会产生过重大影响，可在西方资本主义现代化的过程中，西方文化对中国的影响，远远超出中国文化对西方的影响。这种交流是在战争、资本和商品的输出、文化侵略的背景下进行的。当然，这不包括中国先进知识分子主动向西方学习先进科学和社会理论。现在情况不同了。中国以一个独立的主权国家、以平等互利的原则进行文化交流。我们吸取西方优秀文化成果，同时向西方国家宣传中国传统文化的精华，达到文化交流的目的。当然，即使在现在，西方文化对中国的影响仍然超过中国文化对西方的影响。西方文化已经深入中国社会特别是年轻一代的思想和生活方式中，而中国传统文化对西方的影响仍限于少数汉学家或知识分子的范围。而且，需要注意的是，西方某些政治家们力图通过文化交流达到使中国"西化"即资本主义化的目的，这是我们应该提防的。西方有些理论家鼓吹"文化冲突论"，对中国文化的复兴怀着某种恐惧和不满，实际上仍然是以另一种方式坚持"西方中心论"。我们要向西方介绍中国传统文化，加强文化交流。随着中国在世界上经济和政治地位的变化，中国文化必然发挥越来越大的作用，改变历来文化交流中西重东轻的情况。传统的中国文化将会再度辉煌，以新的姿态出现在世界上。这是中国这个文化古国对人类应有的贡献。

二、对儒家文化圈国家和地区的道德教化作用

如果说，就东西方交往而言，中国传统文化发挥的是文化交流作用，那么，对于东亚儒家文化圈的国家和地区则不同，它深入社会、进入政策，成为对人民进行道德教化的内容。

当然，中国传统文化中的儒家伦理并不是东亚经济起飞的主要原

因。"儒家资本主义"的提法作为对韦伯轻视东方文化特别是儒家文化、抬高西方文化的反击是有一定意义的，但并不科学。儒家学说存在已两千多年，资本主义在西方已经数百年，而东亚的经济起飞是最近几十年的事，显然不能把东亚经济的发展归功于儒家学说。东亚经济发展的原因很复杂，而第二次世界大战以后形成的经济和政治态势有利于东亚经济的发展是一个重要方面。

儒家学说对东亚的经济发展有积极意义。因为，东亚是在西方发达资本主义充分暴露它的单纯经济发展模式的局限时起飞的，西方的价值观念的危机和道德沦丧使它们力图避免重蹈覆辙，比较成功地应用了儒家学说对市场经济下个人主义导向的一定程度的抑制、对血缘关系的亲近和家庭道德的巩固、对人际关系的和谐、对物质欲望无止境的追求的遏制等作用，形成有利于经济发展的较好的文化和道德氛围。以新加坡为例。新加坡1954年自治，1963年与马来西亚组成联邦，1965年与马来西亚分离获得独立。经过近二十年努力发展，经济成就卓著。可在经济发展的同时，道德水平明显下降。年轻人追求西方的生活方式和价值观念，个人主义、拜金主义思潮流行，引起人们的注意。20世纪80年代初，新加坡开始大力提倡儒家伦理文化，并把儒家思想提升为国家意识，作为治国之纲，通过政府命令措施在学校进行儒家道德教育。经过努力，使新加坡的社会风气有很大改变。同时，日本和韩国也都注意在社会、家庭和企业中，推行儒家伦理中的一些规范来化解现代化所引起的矛盾和问题，取得了较好的效果。

当然，新加坡、日本、韩国并不是仅仅依靠儒家伦理来化解现代化过程中的社会问题，它们同时重视法制。邓小平说："新加坡的社会秩序算是好的，他们管得严，我们应当借鉴他们的经验，而且比他们管得更好。"他还说："在整个改革开放过程中都要反对腐败。……还是要靠法制，搞法制靠得住些。"①

东亚地区的现代化仍然是资本主义现代化，不过是有东亚特点的资本主义现代化。这个东亚特点就是它的价值观念和道德规范具有中国传统文化中的儒家特色。可资本主义现代化由于它自身的本性，它的道德状况不可能是田园牧歌式的理想状态。因为，以私有制为基础的现代化，是以巩固和发展私有制为目的的。私人利益的驱动是这种现代化的内在动力，它不可避免地会滋长个人主义、拜金主义。恩格斯说过："在利益仍然保持着彻头彻尾的主观性和纯粹的利己性的时候，把利益提升为人类的纽带，就必然会造成普遍的分散状态，必然会使人们只管自己，彼此隔绝，使人类变成一堆互相排斥的原子。"②

---

① 《邓小平文选》第3卷，第378、379页，北京，人民出版社，1993。
② 《马克思恩格斯全集》第1卷，第663页，北京，人民出版社，1956。

在东亚一些经济发达国家和地区，也面临许多社会问题，包括年轻一代的社会道德和家庭道德的困扰问题。因此，在这些国家和地区保持自己的文化传统，维护传统的儒家的价值观念和道德观念与抵制西化的影响，同样是它们需要解决的问题。在私有制基础上的现代化，通过政府的行政行为维护儒家学说的道德教化作用，仍然是一个非常艰巨的任务。

三、在社会主义中国对加强精神文明建设的作用

中国传统文化的当代价值，最主要的是对我们自己所具有的价值。中国人民创造了自己的文化，这种文化传统又哺育了一代又一代的中国人民。在历史上，我们有过汉唐盛世，但也有近百年的屈辱史。这不能归罪于中国的文化，而是由于经济的落后和政治的腐败造成的。现在的中国与历史上的中国迥然不同。从来没有一个历史时代如此有条件认同并发扬改造中国传统文化。中国传统文化是一个复合体，不是儒家一家。讲哲学当推道家，讲逻辑当推墨家，讲战争当推兵家，讲种田当推农家，讲法治当推法家，当然，讲伦理道德首推儒家。在党的十二届六中全会《关于加强社会主义精神文明建设若干重要问题的决议》中，把思想道德文化建设作为重点，并提出弘扬祖国

传统文化精华的问题。而要比较好地完成这个光荣而艰巨的任务，必须充分认识传统文化的作用：

第一，中国传统文化有利于马克思主义的中国化。

社会主义精神文明建设的核心是思想建设。而思想建设的根本是坚持马克思列宁主义、毛泽东思想、邓小平有中国特色的社会主义理论，用社会主义原则和共产主义理想教育人民。

马克思主义是一种国际性学说，它是放之四海而皆准的普遍真理。可马克思主义要发挥它的指导作用必须与各国的实际相结合。马克思主义要在中国生根并发挥它的作用必须中国化即与中国的实际相结合，其中一个重要方面就是与中国传统文化相结合。以毛泽东为代表的中国马克思主义者在民主革命与社会主义建设初期极其卓越地坚持了这个方针。毛泽东的许多著作，特别是《矛盾论》《实践论》《关于正确处理人民内部矛盾的问题》《论十大关系》等一大批著作都是马克思主义中国化的榜样，其中包括许多中国传统文化的智慧结晶。

改革开放以来，邓小平多次强调马克思主义中国化问题。他说："我们历来主张世界各国共产党根据自己的特点去继承和发展马克思主义，离开自己国家的实际谈马克思主义，没有意义。"①他还说：

---

① 《邓小平文选》第3卷，第191页，北京，人民出版社，1993。

"马克思、恩格斯创立了辩证唯物主义和历史唯物主义的思想路线，毛泽东同志用中国语言概括为'实事求是'四个大字。"①邓小平有中国特色的社会主义理论就是当代中国的马克思主义，是新时期马克思主义与中国实际相结合的典范。

在精神文明建设中，中国传统文化对马克思主义中国化的作用尤其重要。因为，精神文明的问题离不开传统文化，它不可能从虚无中产生出来，我们不能无视文化发展的历史连续性。马克思主义与中国传统文化相结合的根本点，是用马克思主义的立场、观点、方法来分析传统文化，取其精华，去其糟粕，来一番改造制作的科学研究工作。这并没有取消或代替中国传统文化。一个民族的文化是不可能取消的，它是历史的既成事实，不仅保存在各种经典传世之作中，而且积淀于当代现实的人的价值观念、思维方式和生活方式之中。但是，我们完全可以站在当代人的角度，在新的制度下，用新的观点重新审视传统文化，从中吸取能够加深理解阐述发挥和丰富马克思主义的东西。马克思主义直接来源于德英法的哲学、经济学和社会主义思想的优秀成果。但中国的马克思主义者不能固守马克思主义的创始者的思想来源，必须结合本民族的文化传统。中国古代哲学中，同样包含丰

---

① 《邓小平文选》第 2 卷，第 278 页，北京，人民出版社，1994。

文化自信中的传统与当代·中篇

富的唯物主义和辩证法思想，包含无神论思想。中国的马克思主义哲学家应该熟悉和掌握它，这样才可能使马克思主义哲学变为中国化的东西，既证明马克思主义原则的普遍性又丰富它并使之具有中国特色。同样，一个马克思主义政治家完全可以用马克思主义观点来吸取诸如"治大国如烹小鲜""民为贵，君为轻，社稷次之""水可载舟，亦可覆舟"等思想，并从中得到教益。

马克思主义中国化与中国传统文化的现代化可以被看作同一过程的两个方面。马克思主义不通过结合中国传统文化中的优秀精华就难以中国化，而中国传统文化固守传统、拒绝接受用马克思主义的立场观点方法来进行研究发掘就不可能现代化。中国传统文化的现代化绝不是消灭传统，而是站在当代用马克思主义的方法对传统文化进行再思考，在新的社会主义条件下延伸传统、更新传统、丰富传统。

第二，中国传统文化有利于社会主义文化建设。

从社会结构角度看，文化是社会结构中的观念形态的层面。它与一定社会的经济结构、政治结构相结合，形成现实的具体的社会。毛泽东说："一定的文化（当作观念形态的文化）是一定社会的政治和经济的反映，又给予伟大影响和作用于一定社会的政治和经济；而经济是基础，政治则是经济的集中的表现。这是我们对于文化和政治、经济的关系及政治和经济的关系的基本观点。"①因此，文化的形态具有社会特性，有封建社会的文化、资本主义社会的文化之分。我们的社会是社会主义社会，我们要建立的文化是社会主义文化。这种文化，是以马克思主义为指导、充分吸取西方文化和中国传统文化的优秀成果，与社会主义的经济制度和政治制度相适应的文化形态。因此，在建立社会主义文化过程中的一个至关重要的问题，就是正确处理马（马克思主义）、中（中国传统文化）、西（西方文化）的关系问题。自五四运动以后马克思主义开始传入中国起，就一直存在马、中、西之争。西化论者鼓吹全盘西化，本土文化论者鼓吹坚持中国固有文化，而马克思主义者提倡以马克思主义作为观察中国问题的基本理论和方法。这种因文化形态选择形式出现的争论，本质上是关于中国向何处去，以及中国社会发展道路的争论。应该说，1949 年中国人民革命的伟大胜利，从理论和实践上对这个问题做了总结。

但是，历史是复杂的。中国人民革命的伟大胜利只是使这个争论暂时沉寂，而没有为这个争论画上永远的句号，只要有适宜的土壤，争论之火就会再次燃起。从 20 世纪 80 年代的文化热到 90 年代的文化热的第二次悄悄升温，其中一个根本分歧，就是马、中、西之争。

---

① 《毛泽东选集》第 2 卷，第 663—664 页，北京，人民出版社，1991。

许多学者的看法是正确的，但有少数人的观点是片面的，或鼓吹全盘西化，或鼓吹文化本土化。它们之间也有分歧，但在排斥马克思主义指导这一点上倒是一致的。

一百多年来关于文化争论的一个理论误区，就是把文化争论归结为体用之争。中体西用、西体中用、西体西用、中体中用，还有所谓中国为体全球为用，众说纷纭，莫衷一是。把文化选择的争论归结为体用之争，注定导致旷日持久的争论。因为"用"是一个不确定的概念。毛泽东也说过洋为中用、古为今用，在某种特定的范围内这个提法完全正确。可文化选择中的体用之争，不是一个单纯用的问题，而是关于社会形态的问题。每个社会作为某一类型的社会形态的存在方式，都有自己的经济基础和上层建筑。这种上层建筑即它的政治制度和相应的文化形态，是由经济基础的性质和所在国家的传统决定的，而不是任意搭配的。如果不从社会结构角度来看文化形态，而单纯地讨论文化形态自身的选择，文化建设就只能转变为体用搭配的游戏。

在我们国家讨论文化建设的一个最基本出发点，就是我们的社会性质。我们是社会主义国家，我们建设的是有中国特色的社会主义文化。这就决定了我们的文化，无可选择地必须是以马克思主义为指导的社会主义文化。否则就不能说是社会主义的。

在社会主义文化建设中，当然要吸取西方文化中的优秀成果。特别是在当今世界，闭关锁国只能脱离世界文明发展的大道，落后于世界历史发展进程。但我们是社会主义国家，我们绝不能走全盘西化的路。特别是在文化交流中必须严防西化。邓小平说："我们要向资本主义发达国家学习先进的科学、技术、经营管理方法以及其他一切对我们有益的知识和文化，闭关自守、故步自封是愚蠢的。但是，属于文化领域的东西，一定要用马克思主义对它们的思想内容和表现方法进行分析、鉴别和批判。"①

更加重要的是，在社会主义文化建设中我们要善于继承和发扬我们的传统文化。这是我们的优势。我们是文明古国，我们有许多宝贵的文化遗产。社会主义文化不是从天上掉下来的，列宁在批判俄国的无产阶级文化派时已把这个道理讲得非常清楚。在这个问题上，我们曾犯过"左"的错误，否定自己的文化传统。可当前也存在另一种值得注意的现象，就是鼓吹文化本土化把马克思主义说成是外来文化加以排斥，或者说马克思主义是西方文化，以"反对全盘西化"为由来排斥马克思主义指导。这些说法都是错误的。

马克思主义对中国来说不是单纯的外来文化。马克思主义作为世界无产阶级的理论是一种具有国际意义的学说。马克思和恩格斯是德

---

① 《邓小平文选》第3卷，第44页，北京，人民出版社，1993。

国人，但马克思主义并不是仅属德国人的德意志文化。它属于全世界的无产阶级和进步人民，因为它所揭示的是人类社会发展的普遍规律，是放之四海而皆准的普遍真理。为全世界和人类美好未来指明道路的学说，应该是人类共同的财富，并不能因为它最初产生于别的国家或民族而加以拒绝。我们是把马克思主义作为共产党人的世界观和观察世界、改造世界的基本理论与方法来接受的，而不是把它作为德国人的文化形态来接受的。更加重要的是，对中国人而言，马克思主义就包括中国人自己的创造和发展，例如毛泽东思想、邓小平建设有中国特色的社会主义理论。这已经是中国化的马克思主义，它本身就应该是中国当代文化最重要的组成部分，是它的核心和灵魂，怎么能说马克思主义是外来文化而予以排斥呢？至于说马克思主义是西方文化，以马克思主义为指导就是全盘西化，这种说法不值一驳。事实恰好相反，正因为中国共产党人以马克思主义为指导，坚持辩证唯物主义和历史唯物主义的世界观和方法论，才能深刻批驳全盘西化的理论，懂得要实事求是走中国人自己的道路，建设有中国特色的社会主义。只要坚持以马克思主义为指导，就永远不会走全盘西化的道路。马克思主义是批判和防止全盘西化的最有力武器。

当然，社会主义文化的建立，必须继承中国传统文化其中包括五四运动以来的中国革命的传统。离开中国文化就不是中国的社会主义文化。可是，文化传统不是凝固不变的雕像，而是不断更新的水流。因此，传统和反传统是文化发展中的规律性现象。每一个民族都有自己的传统。有历史就有传统，因为传统就是历史的继续和延伸。但传统不仅是历史，不仅是历史的遗产，而是继续存在于现实之中。因此，传统具有双重特性，它的积极方面是现实进一步发展的基础，而它的消极的方面是现实发展所肩负的重担。人类要发展必须以每个时代的社会进步为尺度重新审视传统，所以在历史变革的激烈时期，在对待传统的问题上往往表现为反传统。例如，中国的五四运动对传统的激烈态度，就是任何一种革命变革风暴来临时对待传统的规律性现象。但是，五四运动反对的并不是中国传统文化或以孔子为代表的儒家文化的全部，其矛头主要指向的是儒家文化中的纲常名教。其中可能出现某种片面性，但这种片面性比起卫道者捍卫旧制度旧道德的片面性要全面得多。当革命胜利以后，掌握了政权的人民有条件有力量重新审视传统，以便确立自己与新制度相适应的文化形态。这不是对以往传统的全部肯定，不是对以往批判的批判。在批判与继承之间找到合理的结合点是不容易的，往往会经过摆来摆去甚至完全歪倒一面的过程才最终从自己的错误中醒悟过来，这是进步的代价。

在社会主义文化建设中，文化保守主义的观点是不对的。整个社会发生变革，经济政治制度发生变革，而文化仍固守传统是不可能的。文化不是可以不受经济政治制度制约的独立领域。为什么明代中叶西学东渐之后,中国传统文化并没有现代化也不可能现代化,原因并不是中国文化的保守性和凝固性,而是因为中国的社会结构没有变化。西方有的理论家为资本主义开了一个药方,认为经济上可以搞社会主义,即实行公平原则,政治上搞资本主义,即实行资产阶级的自由民主制度,而文化上实行文化保守主义,即保持以往的价值观念和伦理规范。他们把社会看成玩积木般地可以任意建构。这种观点是违背历史和现实的,从来没有一个社会的经济、政治、文化可以是无内在本质关系的二分结构。在我们的社会里,文化保守主义口号的实质并不在文化,而是在文化保守主义口号下对中国近百年的人民革命斗争特别是中国共产党领导的民主革命和社会主义革命的否定。事实证明,文化是社会结构中的一个层面。文化的选择是与社会制度的选择不可分的。社会主义精神文明是社会主义的基本特征。要坚持和建设社会主义,必须建立社会主义文化。而要使中国的社会主义文化具有中国特色,必须继承中国的传统文化;而要保持社会主义性质,必须坚持以马克思列宁主义、毛泽东思想、邓小平建设有中国特色社会主义理论为指导。这二者是不可分离的。

第三,中国传统文化有利于社会主义道德建设。

对于现代化,道德建设是非常重要的。我们有西方资本主义现代化过程中价值观念危机和道德沦丧、人与人关系异化的前车之鉴；有东亚地区利用儒家文化进行道德教化遏制西方价值观念的某些可供借鉴的经验；还有我们自己改革开放以来的成就和问题的经验与教训。在党中央关于加强社会主义精神文明建设的重要决议中，对道德建设予以高度重视，提出全面加强社会主义道德建设，强调社会主义道德建设要以为人民服务为核心，以集体主义为原则，以爱祖国、爱人民、爱劳动、爱科学、爱社会主义为基本要求，开展社会公德、职业道德、家庭美德教育，在社会形成团结互助、平等友爱、共同前进的人际关系。

我们正在进行的是社会主义现代化建设，我们不再重复资本主义现代化进程的严重价值观念与道德的危机是完全可能的。我们现代化的社会主义性质是不能忽视的。邓小平说："我们干四个现代化，人们都说好，但有些人脑子里的四化同我们脑子里的四化不同。我们脑子里的四化是社会主义的四化。他们只讲四化，不讲社会主义。这就忘记了事物的本质，也就离开了中国的发展道路。"①他还批评说："很多人只讲现代化，忘了我们讲的现代化是社会主义现代化。"②

不过，我们是处在当代世界进程中的现代化。我们要通过市场经

---

① 《邓小平文选》第 3 卷，第 204 页，北京，人民出版社，1993。
② 同上书，第 209 页。

济这种经济运行体制来实现现代化。尽管我们实行的是社会主义市场经济，它有利于人们的自立意识、竞争意识、效率意识、民主法制意识和开拓精神，可市场固有的弱点和消极方面也会导致资本主义现代化进程中的某些现象的滋生。这就使得社会主义精神文明建设问题、社会主义道德教育问题尤为重要。这不仅是保证和支持物质文明建设的问题，而是关系到物质文明建设的根本方向、社会主义事业成败得失的重大问题。

我们建设的是社会主义道德。以为人民服务为核心，以集体主义为原则的社会主义道德，在中国共产党领导的长期革命斗争中已经逐步形成。但真正围绕这个原则，发展为包括"五爱""四德"在内的社会主义道德，并成为对全体人民的道德要求，只有建立了社会主义制度以后才有可能。但这些道德的形成和培养，同样能够而且必须从中国传统文化特别是儒家伦理道德中吸取营养。中国传统道德是以儒家伦理为主导的道德。这是以宗法血缘关系为基础的包括道德理想、道德规范和道德修养在内的伦理体系。为什么这种道德在失去了它的经济和政治基础之后，在我们社会主义社会中仍保留其价值，并日益受到重视呢？这里一个重大理论问题就是道德的相对性和绝对性的问题。随着社会结构的变化，人们的道德观念也会发生变化，永恒不变的道德观念是不存在的。但是在道德观念的变化中，仍然有某种稳定的对人们行为具有制约性的普遍因素。这种普遍性的根据并不是抽象的永恒不变的人性，而是人的社会性。任何一个社会，不管社会形态如何不同，都是个人与社会的统一体，都存在一些相同的关系，如家庭结构中的血亲关系和夫妻关系、人际关系中的朋友关系、邻里关系，以及个人与社会、国家、民族的关系。如何处理这些关系，因各个社会与文化背景的不同会存在某些差异，但都会存在某些共同的东西，这就是把爱自己的父母子女、珍惜夫妻情感、重视友情、服务社会、热爱祖国和自己的民族视为高尚道德。这是人作为社会存在物的共同要求。因此，在变化的、历史的、具体的道德观念和规范中，可以有为各时期的人认同的、作为优秀传统代代相承的因素。道德观念中的绝对主义和相对主义都是片面的。

道德观念中的相对主义实际上是非道德主义，是道德虚无主义。如果说损人利己对资产者来说是一种道德的话，那有什么行为是不道德的呢？如果说杀人越货对强盗来说是道德的，入室偷窃对小偷来说是道德的，吸毒、嫖娼，总之一切最坏的行为都可以被当事者认为是道德的，这样一来还有什么道德不道德的问题呢？

道德是关系到人如何处理个人与他人的关系的问题。人与自然的关系之所以被纳入道德范围来考虑，是因为对自然的破坏实际上是对所有人的利益的损害。这是生态伦理学能成立的根据。正因为道德是调整人与人的关系的规范，因而道德按其本性来说不仅有利于维护自己正当的个人利益，更重要的是它具有理想性、自我约束性和利人的特性。道德包含理想，如果道德极端务实，不包含任何超越现实的因素，那就不是道德而是规则；道德是自我约束的力量，它规范自己的行为而不是放纵自我；道德这种社会现象的出现有利于社会稳定，有利于人际关系的调整，道德包含某些在必要时自我牺牲的因素。我们不主张片面的利他主义，但道德中包含利他成分是不能否定的。绝对的利己主义不可能是道德的。以自我为中心，把对我有利的都说成是道德的，就必然导致混淆道德与非道德的界线，导致道德虚无主义与非道德主义。

儒家道德的特点是富于理想主义、人文主义和理性主义精神。儒家道德是理想主义的，它追求自我完善，力图通过道德塑造理想人格。孔子说："三军可夺帅也，匹夫不可夺志也"，"岁寒然后知松柏之后凋也"。孟子也说："富贵不能淫，贫贱不能移，威武不能屈，此之谓大丈夫。"儒家非常重视气节、人格。孔子说："志士仁人，无求生以害仁，有杀身以成仁。"孟子说："生，我所欲也；义，亦我所欲也。二者不可得兼，舍身而取义也。"儒家提倡："仁者爱人"，"泛爱众，而亲仁"，提倡子女孝顺父母，"今之孝者，是谓能养。至于犬马，皆能有养；不敬，何以别乎？"儒家最理想的人际关系，是父慈、子孝、兄友、弟恭。儒家强调人的社会责任，积极入世：修身、齐家、治国、平天下；倡导"先天下之忧而忧，后天下之乐而乐"。在个人与家庭、个人与国家、个人与社会的关系上，儒家提倡的是群体意识。儒家非常重视个人的道德修养，提倡"为仁由己"，"仁远乎哉？我欲仁，斯仁至矣"，主张"见贤思齐"，"见不贤而内自省"，要求人们"吾日三省吾身"。儒家注重个人的内在修养以达到道德的完善，这表明他们把人看成是可以改变的，关键在于加强个人的道德修养。中国传统道德之所以具有当代价值，根本原因在于它的优秀成果与我们力图达到的建设有中国特色的社会主义的目的是相符合的、相容的。

中华民族的传统道德，其中特别是儒家道德，长期以来影响中国人民的生活方式和思维方式、价值观念和道德观念。它在一定程度上是中国人民，包括散居在世界各地的炎黄子孙彼此认同的思想文化纽带。道德观念一致是民族情感的重要方面。因此，弘扬我们道德中的优秀传统，有利于增强中华民族的凝聚力和爱国主义的感情。

弘扬中华民族优秀道德有利于社会稳定和人际关系的和谐。我们的社会仍然存在矛盾，特别是各种各样的人民内部矛盾。在由计划经济向市场经济转变的过程中，各种利益集团的出现和激烈的竞争，以及某种程度的分配不公，使人与人的关系存在某种紧张。许多问题的正确解决当然要靠深入改革、加强立法，但道德调整也是一个很重要的方面。我们应该弘扬传统道德中的"和为贵"的原则，并以此来调节和削弱竞争中出现的人际关系的紧张。同时，我们应该弘扬传统中的尊重他人、尊重群体的观念，正确处理个人和集体的关系。

在市场中，利益是一种驱动力。但不正当的逐利行为可以败坏个人道德。因此，在市场活动中，加强个人道德修养是一个重要问题。儒家道德中的理想主义，代表的是一种追求，一种激励，一种对自我的超越。它的处世原则中的积极成分，对于在市场下过分个人化、实利化、世俗化的价值取向，可以起到一种自我调节、自我化解的作用。在社会主义思想道德文化的建设中，批判地继承中国文化尤其是儒家道德伦理中积极因素是完全必要的。

我们不赞同后现代化理论。儒家文化并不是后现代工业社会的意识形态，也不是治疗资本主义现代化的良药。但是作为前资本主义社会道德的儒家伦理观念，是以人对人的依赖关系为内容的，它包含着某些对以物为中介的人与人的关系的道德观念的超越。这种超越人与人的物的关系的内容，可以在新的条件下以新的观点进行重建。因此，我们重视中国传统文化特别是儒家文化对中国乃至世界的价值，批判继承这份珍贵的人类文化遗产，并努力将其发扬光大。完成这个历史的重任，是正在建设有中国特色的社会主义的中国人民对世界文化的新贡献。

/ 03

中华文化经典与中华文化精神

　　作为世界文明古国，中华民族的文化发展几千年都没有中断过。先人给后代子孙留下了最丰富的文化遗产，其中文化经典是世界少有的文化瑰宝。对于一个民族来说，文化经典是民族文化发展成熟程度的标志性界碑。研究中国文化基本精神，当然要研究中华民族的文化经典，但又不能仅停留于典籍的研究，必须同时着重历史和现实中推动中华民族发展的活生生的民族精神，这就是中国广大人民群众的实践精神，其中包括为中华民族发展做出杰出贡献的历史人物的实践精神。人民群众和中华民族杰出人物是中华民族精神的主体。如果单纯停留在文本范围，就跳不出旧时注经的樊篱。

　　毛泽东曾经指出："在中华民族的开化史上，有素称发达的农业和手工业，有许多伟大的思想家、科学家、发明家、政治家、军事家、文学家和艺术家，有丰富的文化典籍。"①他还说："中华民族不但以刻苦耐劳著称于世，同时又是酷爱自由、富于革命传统的民族。""在中华民族的几千年的历史中，产生了很多的民族英雄和革命领袖。所以，中华民族又是一个有光荣的革命传统和优秀的历史遗产的民族。"②从经典文献、中国人民及其杰出代表人物的相互联系和相互作用中研究中华传统文化的基本精神，更具有说服力。作为中华民族文化基本精神之文字符号载体的典籍，不是可以任意解读的单纯文本，而是实实在在与中华民族的生存和发展的实践融为一体的精神承载。

一、文化经典是中华民族生存智慧的结晶

在世界文化史上，像中华民族这样拥有如此多的经典文献而且重视整理、传授，是罕见的。中国不仅有经典，而且有堪称古代百科全书的各种类书，广收文献、资料，为后人留下了可供研究和吸收的经典，包括《永乐大典》《四库全书》这样规模宏大的文献宝藏。经典的

---

① 《毛泽东选集》第 2 卷，第 622 页，北京，人民出版社，1991。
② 同上书，第 623 页。

产生和传承、文献的大规模整理，这对中华文化的源远流长、持续不断的发展具有重要作用。

一个民族的文化结构是一个整体，但整体中的部分可以各有特点。作为中华文化遗产的经典文献中会有各种不同的观点。例如，中国历史上的所谓九流十家，各有其说；儒墨道法，各有所本。但它们不仅相异，还有相同之处，因为它们是在大体相同的地理、经济和政治环境中产生的，从而可以"百虑而一致，殊途而同归"。中华民族文化的基本精神，就是中华文化经典中处于主导地位的思想精粹。

中华民族的基本精神不能简单归为儒家精神。毫无疑问，儒家学说是对中华民族基本精神影响最大、最为久远的学说，但是中华民族的基本精神包括各家的优秀思想。近代德国学者施伟策肯定各家的贡献，他在讲到中国文化的生命观和世界观时说："世界与生命之肯定问题，无论在其本身还是在它与伦理学的关系方面，在其它任何地方都未能像在中国思想中那样成为一个包罗万象的样子。老子、庄子、孔子、孟子、列子等，都是这样的思想家。在他们那里，西方思想须努力解决的世界观，却被一种非常奇怪而又深深吸引我们注意力的方式表现了出来。"①

---

① 《中国印象——世界名人论中国文化》上册，第 254 页，桂林，广西师范大学出版社，2001。

中华民族经典中包含的智慧是丰富多样的，很难通过几个格言式的论断将之概括无遗。随着不同时代的不同思想家的研究，它能够不断推陈出新。不同人是在不同条件下阅读经典、研究经典的，因此肯定会有不同的解释。中国注经著作之多也是世界罕见的。但无论如何解读，其中不少在中华民族的历史和现实中得到共识和具有导向性的思想应该摆在首位。例如，"天行健，君子以自强不息"的奋斗精神，民胞物与的和谐精神，和而不同的包容精神，兼爱非攻的和平精神，便国不法古、与时俱化的求实和变革精神，都是中华民族文化的精髓。儒家的积极入世思想与庄子的安时处顺、淡泊名利的思想，孙子兵法中的战略和"不战而屈人之兵"的思想与墨家的兼爱非攻思想，可以相互补充，成为一个面对各种处境优裕从容的完整的精神世界。中华民族文化的基本精神是中华民族文化作为一个具有特色的整体结构的支柱，是中华民族文化区别于其他民族文化的根本特征。因此，要了解中国和中国人，就要了解中国文化及其基本精神。否则，任何对中国的理解都只能是表面的、肤浅的、瞎子摸象式的各执一词。

中国的文化精髓不是外在的器物，而是内在的、需要研究才能不断理解的民族精神。有些西方哲学家能在一定程度上理解这一点。例如，法国诗人瓦莱里在给中国作家盛成《我的母亲》一书写的序言中说："如果我们仍然无视一个外民族的情感和内心世界，而仅仅欣赏他们创作的花瓶、瓷器、牙雕、青铜器和玉器，那是无法真正评价和发掘一个外民族的聪明才智的。因为远比这些只供摆饰、消遣的珍贵纪念品的艺术宝贵的是：一个民族的生命力。"①所谓民族生命力的内在核心在于它是民族文化的基本精神。中华民族的生活方式及其特有的工艺品、器物和一切可以称为中国的东西，都承载着中华民族文化所具有的意义和价值。世界任何国家可以用现代工艺仿效中国的各种器物，但无法仿效其中承载的中华民族的基本精神。因为器物在国外只是一技一艺、一物一器，而在中国它是整体文化结构的一部分。一张檀木太师椅可以仿造或出口，但它在以往中国厅堂中形成的中国特有的文化氛围是无法移植的。它的文化味道是中国的，而且只能是中国的。

德国著名文化理论家施宾格勒在讲到中国园林时，也是强调文化的内在精神对外在实物表现的影响。他说："中国的园林避免那种朝气蓬勃的景色。它布置的景色重叠，不将目标指明，却引起信步漫游。具有通过重门、丛林、台阶、桥梁和庭院的通路的中国早期的'教堂'——辟雍，从来不曾有过埃及式的冷漠行进式或哥特式的排闼直入。"②"庭院深深深几许""曲径通幽"，就是中国民族不喜张扬、

---

① 《中国印象——世界名人论中国文化》上册，第 89 页，桂林，广西师范大学出版社，2001。
② 同上书，第 314 页。

含蓄、深邃的民族精神的一种体现。

当然，任何民族的传统文化都不可能是绝对的精华、毫无杂质，中华民族的文化也是一样。中华民族历史上在不少领域有过令世界羡慕的创造，但也沉积下不少文化杂质。如果只看到精华而无视杂质当然是片面的，可如果不着眼于中华民族的基本精神即它的主导方面，着眼于维持中华民族生存和发展的精神支柱，而是过分强调它的杂质，更失之于片面。我们应该以历史唯物主义态度继承中华民族的优秀文化遗产。毛泽东当年说过："我们是马克思主义的历史主义者，我们不应当割断历史。从孔夫子到孙中山，我们应当给以总结，承继这一份珍贵的遗产。"①所以当下，我们应该认真学习和研究中国的一些经典。特别是从事人文学科学习、研究和教学的人更应该如此。人文素质的培养，其中一个途径就是学习中华民族的优秀文化，通过阅读经典体会和学习我们先哲们的智慧，这比起只满足于流行的快餐文化或者用不着费心费力的文化消闲，要有益得多、深沉得多。

我们不应该在当代中国的文化复兴中以读经为第一要务，因为现在不是封建科举时代。我们必须懂得什么叫"复古"，什么叫"继承传统"。

---

① 《毛泽东选集》第 2 卷，第 534 页，北京，人民出版社，1991。

崇拜过去，蔑视现实，言必夏商周，唯经典是从，谓之"复古"；立足现实，把古代优秀的东西用来推进现实，创造未来，谓之"继承传统"。毛泽东说过："中国的面貌，无论是政治、经济、文化，都不应该是旧的，都应该改变，但中国的特点要保存。"①文化不是停滞不动的，中国文化应该发展。继承、创造、发展，是一个民族的文化得以保存和发展的规律。世界上所有文明古国之文化发展的中断，都是因为与此规律相背。在中国当代，有选择、有目的地引导人们阅读一些古典名著，而且提高阅读水平、加深理解，重视掌握其中蕴藏的中华民族文化的基本精神，肯定有利于中华民族的文化复兴，有利于中国人民尤其是青年一代人文素质的提高。在继承中发展，在发展中继承，这是正确对待中华民族文化的马克思主义的态度。

二、中华民族文化与中国人民

世界上不存在所谓优等民族和劣等民族。毋庸讳言，中华民族文化对于中国人的生活态度有着重大影响。中国文化优越论是坐井观天之论，但认为中国文化是一个大酱缸，中国人的一切不文明行为都是

---

① 《毛泽东文集》第7卷，第82—83页，北京，人民出版社，1999。

源自中国文化，也是妄自菲薄。中国文化中当然有年积日久的消极的东西，特别是当西方进入资本主义、中国封建社会开始衰败、接踵而来又沦入半封建半殖民地社会的时期。但从整体上说，中华民族传统文化是世界上比较优秀的文化，这是世人公认的事实。特别是中华民族文化的基本精神，对于整个中华民族的生存、发展和国家的统一，对民族性格的形成，起着重要积极的作用。

中华民族文化绝不是只以文字为载体存放在图书馆里的文献，而是实实在在地存在于中华民族的生存方式之中。中华民族多元一体的文化是中华民族儿女共同创造的，而中华文化又以其文化乳汁孕育和培养了一代又一代中国人。可以说，中国人身上都烙上了中华文化的烙印。民族认同在一定意义上可以说是文化认同。民族和个人类似：每个人有个性，相互区别；每个民族亦有民族性格，相互区别。民族文化的长久积淀必然成为塑造民族性格的文化环境，民族性格就是在一定生产方式基础上被内化的民族文化。文化是发展的，所谓民族性格也不是不变的。

例如，和谐思想是中华民族传统文化的重要思想，也是中华民族的民族性格。美国作家赛珍珠在《中国：过去和现在》中说："和谐是中国文明的关键词：一个人与他周围的人、与自然和谐，那么这样的人是有教养的人，这是智慧的哲学，富于和平和自我控制。"①这种说法是正确的，是她在中国生活多年从中国人民身上得到的亲身体会。

中华民族的民族性格的确是主张和平的。有些学者认为这种和谐思想造就了中华民族的文弱和保守，并以中国历史上修筑长城以自保的防守政策、汉唐的和亲政策以及中国古代诗歌中的厌战情绪为例。这一观点产生的原因在于不理解中华民族内各民族间的关系。中华民族各民族间虽然有过矛盾和战争，但最终都是化干戈为玉帛。在中华各民族之间，中华文化主张以"和为贵"化解民族间的积怨和矛盾。从长远来看，这有利于中华民族一体多元民族的形成和民族间的和睦相处。中华民族能融合成包括56个民族的中华民族大家庭，就与这种政策有关。在历史上，虽然民族间存在矛盾和战争，但总体上说中国文化是不主张民族战争的，是"敷文化以柔远"，以文化力量促进民族的融合。

中华民族在内部各民族间主张民族和谐，对外同样如此。在历史上，中华民族没有向外侵略和扩张的历史。中国历史上与外界的交往都是文化的或商业的交往。陆地或海上的丝绸之路，是寻求贸易和文化交往的友谊之路。即使在中国仍然保持强国地位的明朝早期，永乐

---

① 《中国印象——世界名人论中国文化》下册，第215页，桂林，广西师范大学出版社，2001。

三年三保太监郑和率领当时最先进的船队 240 多艘，数万之众，前后七次，远航东亚和东非多国。远航是否具有国内皇权争夺的政治目的史无定评，但有一点可以肯定，对外没有掠夺、没有战争，而是友好交往。它不是西方资本主义那种以殖民和掠夺为目的的海盗式的远征，而是充分彰显了中华民族的和平精神。

当然，和谐绝不意味着中华民族对外来的侵略逆来顺受。中华文化不会培养"狼"，但也不会培养"羊"。中华民族文化主张和谐，同时又主张天下兴亡匹夫有责，倡导爱国主义，纪念和传颂战死疆场、以马革裹尸的血性男儿。中华民族是既主张和谐又具有反抗侵略精神的民族。当年日本占领东北，进行压制与奴化教育和宣传，但中华民族文化具有的不可抗拒的凝聚力、向心力和爱国主义传统，使得日本军国主义终究不可能长久占领东北。东北被占领是国民党不抵抗政策的结果，可中国人民是不可征服的。罗素在《中国问题》中也曾断言：不管满洲现在的政治状况如何，它将仍然是中国文明的一部分。一旦日本人面临困难，满洲就能归回中国。为什么？罗素除了说中国力量源于她的 4 亿人口之外，特别强调："来自他们民族习惯的坚韧性，以及他们无与伦比的民族凝聚力。"①凝聚力是一种内聚力。中华民族

---

① 《中国印象——世界名人论中国文化》下册，第 105 页，桂林，广西师范大学出版社，2001。

文化的凝聚力是中华民族永不屈服的精神力量。

近代一百多年的中华民族的历史就是反抗帝国主义侵略的历史。从鸦片战争到抗日战争的历史，是中华民族救亡图存、为中华民族伟大复兴而牺牲奋斗的历史。毛泽东在追悼抗战阵亡将士大会上的讲话中说过："中华民族决不是一群绵羊，而是富于民族自尊心与人类正义心的伟大民族，为了民族自尊与人类正义，为了中国人一定要生活在自己的土地上，决不让日本法西斯不付重大代价而达到其无法无天的目的。"①中国人民以宁死不屈、同仇敌忾、前仆后继的牺牲精神终于取得了抗日战争的胜利；之后，又以"宜将剩勇追穷寇，不可沽名学霸王"的彻底革命精神，打倒蒋家王朝，解放全中国；不久又进行了抗美援朝的战争。这些都是表现中华民族的斗争精神、发扬中华民族的正气的结果。和谐精神与自强不息的战斗精神不是绝对对立的。和谐是我们的目的，但追求和谐与发扬自强不息、敢于斗争的精神是相互依存的。

"人不犯我，我不犯人"同样是中华民族的基本精神中不可或缺的重要内容。在当代，中国正处于和平发展中，中国倡导建立和谐世界、和谐亚洲，这充分体现了中国在处理当代国际问题上贯彻"和为

---

① 《毛泽东文集》第 2 卷，第 113 页，北京，人民出版社，1993。

贵"的精神。当然，中华民族不会同意以牺牲国家主权和民族尊严为代价的所谓"和谐"。主张"和为贵"的孔子说过："知和而和，不以礼节之，亦不可行也。"（《论语·学而》）在当代国际关系和国际秩序中，这种所谓"礼"就是坚持和平共处五项原则。

学者们不断在探讨，为什么在众多古老文明中唯独中华民族的文明发展没有中断，为什么中国在历史上存在过分裂但终究走向了统一？中国独特的地理环境，幅员广大的疆域，处于内陆、东有大海西有高山北有沙漠作为屏障，这些或许是后来中国版图内众多民族通过交往融合成中华民族的重要因素，但最根本的因素还是中国的经济、政治和文化的相互作用。

在任何一个民族的发展中，经济、政治、文化都不是独立的单元，而是相互作用的。历史证明，任何强大的帝国如果单纯以军事手段维系而没有相应的经济基础，虽能崛起辉煌一时，终会成为过眼烟云的历史陈迹；同样，任何古老的文明如果不能保持一个稳定的国家结构和相对稳定的疆域，国家分裂和民族间的争斗不断，那么随着民族矛盾尖锐而导致统一国家的解体和分裂，文化发展的延续性也会中断。没有国家的统一和民族的和谐，就不会有文化传统的延续。

中华民族自古以来有发达的农业经济。在近代工业资本主义兴起之前，发达的农业经济是一个国家繁荣昌盛的经济基础。中华民族在历史上拥有黄河、长江这样有利于农业经济发展的得天独厚的条件，并在发达的农业生产方式基础上发展出比较成熟的中央集权和文官制度。正是在这些条件下，中华民族产生了特有的与其经济基础和政治制度相符合的发达的中华文化。这种文化又成为支撑它的精神支柱。中华民族勤劳、勇敢，和平、包容，重国家、重集体，重亲情、重友情，这些是长期劳动实践中形成的民族性格，也是中华民族文化长期哺育的结果。

中华民族文化哺育中华儿女上述优秀民族性格的途径，是一个值得探讨的问题。中国虽然有发达的文化经典，但一个以农民为主体而且多数是文盲的国家，经典文化如何发挥它的作用？中国文化有精英文化也有世俗文化，这两者密不可分。中国的知识分子或者说士大夫，是通过经典文化来培养的，这包括学校、书院、私塾等途径，特别是中国的科举考试制度。科举制后来僵化为以四书五经为敲门砖，成为束缚知识分子思想的绳索，但它曾经对中华民族文化尤其是儒家文化的传承起到过重大作用。另一种方式是世俗化的。中国普通老百姓没有条件接受学校教育。他们不是通过阅读经典，而是通过劳动和实际生活，通过民风、民俗、传统节日、地方戏以及人际交往中的道德规范、具有文化承载的谚语和格言，来接受中华民族文化的。这些都是与人民的实际生活融为一体、最为普通群众喜闻乐见的方式。经

文化自信中的传统与当代·中篇 |

典文化中的基本精神通过多种方式，借助世俗文化发挥它的作用。即使没有读过经典的中国人，包括人口众多的中国农民，在这种文化环境下都会受其濡染和熏陶，自觉或不自觉地成为一个在不同程度上由民族文化精神培育，具有中国人的价值观念、道德观念和思维方式的中国人。

中国文化中那些有利于维持旧的封建统治、维护官贵民贱、宣传因果报应和鼓吹旧的伦理道德的思想，同样也会通过世俗化途径而成为束缚和驯化人民思想的枷锁。我们应该区分中国传统文化和中华民族传统文化的基本精神。中国传统文化不全是优秀文化，各家学说中，包括长期处于主导地位的儒家学说中，都有不少杂质和不合时宜的思想观念。然而历史和实践证明，中华传统文化的基本精神却永远是中华民族文化中最可宝贵的思想财富。

中华民族文化中的基本精神并不是任何时候都能得到贯彻和实现的。"民为贵，君为轻，社稷次之"，在君重民轻的封建社会从来没有实现过，也不可能实现；"王子犯法，庶民同罪"，在封建社会制度下往往流于空话；"和而不同"的包容精神，在君臣之间、在所谓君子之间并非都是现实的人治的关系。但并不能因此否定它们的价值。中华传统文化的基本精神不仅为中华民族提供思维方式，而且具有理想性、价值性和导向性。中华民族历代的先进思想家和杰出人物对自强不息、和而不同、民胞物与、海纳百川等精神的正面认同、追求和实践，不断鼓舞和激励中华民族在任何挫折和磨难下依然奋勇前行，这种中华文化的基本精神在社会主义条件下应得到继承和充分发扬。

三、历史杰出人物与中华文化精神的人格化

一个没有英雄的历史是寂寞的无声息的历史，没有英雄的民族是孱弱的民族。中国人的民族性格是在特定的经济生产方式和制度下的文化的凝结，而文化精华与广大人民又哺育了中国历史和现实的杰出人物。他们堪称民族的脊梁，国家的栋梁。中华民族历史和现实中的人物，就是中华民族文化基本精神的人格化，也是中国人民的杰出子孙。他们既是文化和人民的产儿，又是具有文化传承和民族激励力量的样板。邓小平说："我是中国人民的儿子，我深情地爱着我的祖国和人民。"①这两段话最生动地表达了中华文化的精神力量。

中华民族历史上有许多体现中华民族精神的杰出历史人物，他们的人格和气节为时人和后人传诵和景仰。"富贵不能淫，贫贱不能

---

① 《邓小平年谱(1975—1997)》下册，第714页，北京，中央文献出版社，2004。

移，威武不能屈"，是最为中华文化所称道的理想人格、气节。文天祥在《正气歌》中以强烈的感情讴歌了中华民族历史上那些体现中华民族精神风骨的各类历史人物，文天祥自己就是其中最杰出的代表之一。"人生自古谁无死，留取丹心照汗青"，是中华民族文化倡导的人格和气节的诗化。中华民族中各个民族都有自己值得称道的杰出人物。林则徐的"苟利国家生死以，岂因祸福趋避之"、谭嗣同的"有心杀贼，无力回天，死得其所，快哉快哉"，树立了以壮烈之死为改革鸣锣开道的英雄形象。至于李大钊、毛泽东、周恩来，以及无数在战场上、在刑场上为中华民族解放而视死如归的英雄，都既是共产主义精神又是中华民族传统基本精神的当代体现。又如钱学森先生，不仅为中华民族做出了杰出贡献，而且有着炽烈的爱国主义情怀。他说，"我是中国人"，"我在美国前三四年是学习，后十几年是工作，所有这一切都在做准备，为了回到祖国后能为人民做点事"。① 可以说这是中国知识分子对中华民族文化高度认同的一种方式。

鲁迅针对1931年"九一八"事件后一些人对自己国家失去信心，一味求神拜佛、怀古伤今的颓败情绪，发表过一篇杂文《中国人失掉自信力了吗》。他说："我们从古以来，就有埋头苦干的人，有拼命硬干的人，有为民请命的人……虽是等于为帝王将相作家谱的所谓

---

① 参见《人民日报》，2009年11月2日。

'正史'，也往往掩不住他们的光辉，这就是中国的脊梁。"①鲁迅还针对国民党反动当局镇压革命者的白色恐怖悲愤地说："这一类的人们，就是现在何尝少呢？他们有确信，不自欺，他们在前仆后继的战斗，不过总在一面被摧残，被抹杀，消灭于黑暗中，不能为大家所知道罢了。"②瞿秋白、方志敏，以及被国民党暗中处死于龙华监狱的五位左翼作家，在鲁迅眼里就是中国的这种脊梁。事实证明，扼杀作为民族基本精神代表的杰出人物的往往是专制统治者，特别是拼命维系腐败政权的统治者。从这一角度说，真正能体现中华民族基本精神的不是逆历史潮流的反动统治者，而是广大劳动人民和为民族兴亡鞠躬尽瘁死而后已的杰出历史人物。

中华民族文化的基本精神是中华民族文化的精粹，是中华民族精神的主轴和最宝贵的精神财富。我们不能否认传统文化中存在糟粕需要批判，人民中受其影响而产生的落后的东西需要不断改进。我们不能赞美三寸金莲，不能赞美纳妾以及一切与近代文明相悖的东西。但我们也应该相信没有永恒不变的中国人，也没有永恒不变的民族性。一个国家的经济制度和政治制度会改变，文化会发展。在新的社会主义条件下，中华民族文化中消极的或由于政治原因被扭曲、被滥用以

---

① 《鲁迅全集》第 6 卷，第 119 页，北京，人民文学出版社，1973。
② 同上书，第 119 页。

维护旧的统治愚弄人民的东西，那些压抑和钳制人民的精神和个性的东西，会逐步被清洗和淘汰。在旧的经济制度和政治制度下形成的中国人的某些缺点会发生变化。人的本质是社会关系的总和。阿Q是旧式农民的形象，而不是中国农民永恒的形象。为人所诟病的中国人中的一些不文明现象、一些缺点都是时代造成的，而非中华民族的民族劣根性。没有天性丑陋的中国人，只有丑陋社会和腐败政府酿造出的某些中国人的不文明的丑陋行为。任何对国民性和所谓民族劣根性的抨击，最终若不指向旧的经济制度和政治制度，只停留在文化层面，则是难中腠理的。毛泽东曾经预言："我国几亿人民一旦真正得到解放，他们巨大的生产潜力一旦被解放出来，并被用于各个领域的创造性活动，就能促进经济发展，提高全世界的文化水平。"①中华人民共和国成立时，毛泽东在天安门城楼向全世界宣告："中国人民从此站起来了。"中国人民摆脱旧制度的桎梏，以新社会主人的身份参与社会主义的建设，中国人中落后的不文明的东西在改造中国社会的同时不断得到改造。中国人民的爱国主义热情、文化自觉和民族自豪感从来没有像现在这样强烈，原来被讥讽为一盘散沙的中国人被组织起来了、被团结起来了。这是社会经济制度和政治制度变化在思想文

---

① 《毛泽东文集》第1卷，第393页，北京，人民出版社，1993。

化上的必然反映；这是在社会主义经济和政治基础上，中国共产党领导的真正的文化复兴。当然，把中国 13 亿人都变成具有高度文化素质和文明行为的社会主义新人，这是一个长期而艰巨的任务。

历史发展是包含矛盾的。在社会发展中，一个民族的传统既可能成为社会进步的垫脚石，又可能成为社会发展的障碍。因此，社会发展往往会成为破坏传统和重建传统的双重过程。在人类历史发展的长河中，对传统的最大冲击来自由封建社会转向资本主义社会、由传统农业生产方式转变为资本主义生产方式的进程。这是一次人类观念历史的大变动。马克思和恩格斯在《共产党宣言》中，对资本主义取代封建社会在传统与现代关系方面所带来的变化做过非常生动的描述。不同于卡莱尔或西斯蒙第等人，他们由于这种变化而企图扭转历史前进的方向，对田园诗般的往昔怀着无比惋惜的伤感情调；马克思和恩格斯则向前看：他们肯定这种变化的积极意义，赞扬资产阶级在历史上曾经起过非常革命的作用，但同时又指出资本主义把人与人的关系变为赤裸裸的利害关系，把人类感情淹没在利己主义的冰水之中——这种人际关系和价值观是一种异化，但它是历史的过渡，必将为新的社会形态和新的观念所取代。倍倍尔曾说："目睹资本主义条件下种种丑恶现象，目睹宗教唯灵论和金钱拜物教对群众的腐蚀，我们痛心疾首。我们多么渴望有朝一日在社会主义制度下逐步地、全面地、系统地实现我们的思想道德信念和核心价值!"①

可以清楚地看到,当代中国正在经历由农业生产方式向工业生产方式、由计划经济向市场经济的转型。乡土中国正在转变为现代化、工业化、信息化的中国,熟人社会转向陌生人社会,以血缘和人情为纽带的人际关系转变为以货币为交换纽带的金钱关系。在这个过程中,价值观念、道德观念方面的变化是急剧的。中国的农民已经不是小农经济下的农民,进城打工的农民已经不是农耕方式下的农民,进入大城市被推进市场经济大潮中的农民已是与他们父辈具有不同观念的农民。他们逐渐失去由农业生产方式所赋予的乡土本色。各个阶层的人的思想观念都会在社会经济变动中发生变化。在这种变化中,主要是有利于促进社会主义市场经济发展和完善的思想观念的解放,但也潜藏着价值观念混乱和道德滑坡的危机以及某些社会问题。

中国的社会主义现代化不是西方资本主义现代化进程的翻版或缩影。在当代中国的历史进程中,社会的确出现了某些与西方现代化进程中类似的现象。但历史中任何类似的现象,在完全不同的条件、时代或制度下,却可以具有不同的内涵和意义。我国精神文化领域中出现的消极现象是一种代价,但不是无足轻重的代价。中国共产党非常

---

① 转引自韦建桦:《社会主义核心价值体系的历史内涵、科学精神、创新品格》,载《光明日报》,2007年12月4日。

重视精神文明和社会主义核心价值观念的建设。我们要重视传统文化基本精神的教化力量，但更需要以马克思主义为指导，从中国现实出发，对转变中的问题进行科学分析。强调马克思主义与中国实际相结合，强调中国特色社会主义理论，其巨大意义正在于此。

我们不应认为中国传统文化十全十美，是包医百病、起死回生的灵丹妙药，而是必须将之用得其所，用得其法，用得其道。例如，企图以中国文化来解决西方的制度性危机，这是一种文化迷信。用儒学来分析 21 世纪的经济危机和金融危机，用儒家道德来劝说和规范金融机构高管们的行为，我以为很难奏效。这不能怪孔子，也不能怪儒家学说，因为从一个公元前几百年的思想家的道德理想中寻找解决21 世纪西方经济和金融危机的药方是无能为力的。这不是孔子的错误，而是我们当代人的错误。要回答经济危机和金融危机问题，必须对资本主义制度和全球化问题进行马克思主义的探讨，而道德并非分析的科学理论框架。道德批判并非科学批判，而只是对行为的评价。儒家道德劝说甚至对金融机构高管们进行道德的谴责和鞭挞，并不能杜绝资本主义制度性的危机。即使一批人暂时缩手，另一批人也会卷土重来，因为危机是资本主义制度的伴生物。

任何思想学说都是有所能，有所不能的。在大力推进社会主义现代化的同时，强化以社会主义核心价值观体系为基本导向的先进文化建设，我们就可以从中华民族文化这座宝库中吸取丰富的资源。中华民族文化是中华民族世世代代在中国这块土地上生活实践之经验的积淀，其中包含的处理人类实践中一些基本关系的基本精神，具有某种超越性。以往存在于文化经典中的智慧，作为思想家的伟大理想，可以变为实践，发挥它教化育人的作用。

文化非常重要。毛泽东说过："文化是不可少的，任何社会没有文化就建设不起来。封建社会有封建文化，封建文化是宣传封建主义的道理。资本主义社会也有资本主义文化，资本主义社会如果没有文化，也没法建立起来。"①毛泽东并不否定封建社会文化中的合理的东西。他以孔子的父慈子孝观为例说："我们还要提倡父慈子孝。……如果父亲把儿子打得一塌胡涂，儿子怎么能孝呢？这是孔子的辩证法。"②但文化并不是社会最终的决定因素。

中华传统文化的基本精神具有世代延续的价值。可是如果没有高度发达的先进生产力、先进的生产方式和先进的政治制度，传统文化是不能单独发挥作用的。没有硬实力的软实力是软弱的，没有很强的硬实力和具有渗透力的软实力相结合的所谓巧实力，其实并不"巧"，而是"拙"，中国鸦片战争以后百多年的民族屈辱史已证明了这一点。

---

① 《毛泽东文集》第 3 卷，第 110 页，北京，人民出版社，1996。
② 同上书，第 116 页。

当时的孔子只能是孔庙中的圣人，当时的经典只能是藏书楼里的典籍。当年黑格尔十分轻视孔子的思想，说《论语》"里面所讲的是一种常识道德，这种常识道德我们在哪里都找得到，在哪一个民族都找得到，可能还要好些，这是些毫无出色之点的东西"①。而当今世界对孔子则是一片赞扬，与黑格尔时代相比不可同日而语。这种变化是当代中国在世界上的经济和政治地位发生根本性变化的结果。

我们热爱自己的文化，尊重我们祖先的文化遗产。中国文化和中国传统文化不能画等号。中国文化包括传统文化和当代文化。中华民族传统文化和中华传统文化的基本精神也不能画等号。我们应当深入经典，走出经典，面对现代，放眼世界；要由我们的时代和实践来决定继承什么遗产和拒绝什么遗产，以及如何继承我们的文化遗产，而不应把当代作为传统的注脚。研究中华传统文化应该着重它的基本精神，通过过滤，取其精华，去其糟粕，并使之当代化、科学化，而且要在实践中贯彻中华民族文化的基本精神。这样，可以培育出既具有传统美德又具有时代精神的中国人，孕育出具有社会主义精神和爱国主义精神的新的杰出人物——社会主义时代"双百"式的英雄人物。如果离开有利于中国特色社会主义建设的目标，把继承传统文化与坚

---

① 《中国印象——世界名人论中国文化》上册，第194页，桂林，广西师范大学出版社，2001。

持马克思主义在意识形态中的指导对立起来，传统文化中积重难返的消极的东西就会沉渣泛起，而传统文化的基本精神也只能是供学者们抚掌赞叹和引用的经典文献中充满智慧的格言，这当然有悖于社会主义条件下倡导中国传统文化包括儒学之基本精神的真正目的。

/ 04

马克思主义与中国传统文化

　　目前在中华大地上，传统文化研究和宣传热潮高涨，儒学重新成为显学。当年孔子风尘仆仆周游列国——实际上齐鲁郑卫陈蔡诸国不过是山东河南几个县，而今随着孔子学院正在周游世界。国外汉学家渐多，中国传统文化声望日隆，这本是大好事，是中华民族复兴在文化上的一种表现。

　　有些理论工作者感到迷茫，意识形态领域中坚持以马克思主义为指导的方针是否发生了变化？有些极端的儒学保守主义者误判形势，拔高之论迭出。乱花迷眼，议论各异，意识形态领域陷于两难：似乎强调坚持马克思主义思想指导，就是贬低以儒学为主导的中国传统文化，反之，则应把马克思主义请下指导地位的"神坛"，重走历史上尊孔读经以儒治国的老路。这种非此即彼、冰炭不可同炉的看法，理论上是错误的，实践上是有害的。

一、应该站在社会形态更迭的高度来审视马克思主义和中国传统文化的关系

如何理解马克思主义和以儒学为主导的中国传统文化之间的关系，我想起"周虽旧邦，其命维新"。冯友兰是中国现代史上杰出的思想家、哲学家和哲学史家，也有的学者尊他为现代新儒家。他在历经多年编写的《中国哲学史新编》的序言中说："诗经上有句诗说，'周虽旧邦，其命维新'。旧邦新命，是现代中国的特点。我要把这个特点发扬起来。我所希望的，就是用马克思主义的立场、观点和方法重写一部中国哲学史。"冯先生由于专业写作的需要把它仅限于以马克思主义观点重写中国哲学史，我从冯先生的话中得到启发，以"旧邦新命"作为廓清迷雾、解开马克思主义与中国传统文化关系争论的一把钥匙。

社会主义中国，是具有五千年历史的古老中国的当代存在。中国是旧邦，是一个古老的国家，可当代中国是不同于传统中国的社会主义形态下的新的中国。中国共产党负有新的历史使命，这就是中华民

族的伟大复兴。它包括创立社会主义新中国的民族复兴，也包括中华民族的文化复兴。这是一条既要坚持马克思主义思想理论指导，又要正确处理马克思主义与中国传统文化关系的道路。这条路历经90多年的摸索，在艰难曲折中跋涉前行。有经验，也有教训。只有站在社会形态变革的高度进行审视，才能牢固确立中国共产党和社会主义社会以什么为指导思想，以及如何处理马克思主义与中国传统文化关系这个重大问题。这个问题仅仅局限在文化范围内是说不清楚的。

中国社会主义制度的建立是社会形态的根本变化，这是中国历史上几千年未有的大变化。自秦始皇统一中国之后的两千多年，中国历史的变化本质上是同一社会形态内部的变化。王朝易姓，改朝换代，都没有改变中国社会形态的本质。经济结构、政治结构、文化结构当然有变化，但都具有同一社会形态的历史继承性和延续性。中国封建社会是在一治一乱、王朝更迭中走向发展和成熟的。在中华民族的开化史上，有素称发达的农业和手工业，有许多伟大的思想家、科学家、发明家、政治家、军事家、文学艺术家，有丰富的文化典籍。历史上出现过儒释道的相互吸收，也出现过新儒家，但儒学道统未变。在过去两千多年中，孔子是王者师，是素王，这个至高无上的圣人地位没有因为王朝易姓而发生根本变化。新王朝依然是尊孔读经，依然是看重儒家学说，并将其作为维护社会正常秩序和统治合理性的首要思想工具。

任何有点历史知识的人都知道，相信"水可载舟，亦可覆舟"的皇帝多，因为这是历史的经验；真正信奉"民贵君轻"，实行王道、仁政者极为罕见。这不是皇帝个人的罪恶。历史上皇帝并非都是坏皇帝，有不少帝王都对中国历史做出过贡献。这也不是儒家思想存心欺骗或愚民，封建社会的政治现实不能否定儒家学说精华的思想价值。这是封建社会的经济关系和阶级关系使然。理想永远高于现实，现实从未完全符合理想，这是历史上一切伟大思想家的共同宿命，孔子也是如此。

二、只有以马克思主义为指导才能变革中国社会

清末，中国社会处于崩溃前夕。近代历史上出现过不少以身殉国流血牺牲的仁人志士，可是中华民族的命运并没有改变。面临西方资本主义列强入侵，处于风雨飘摇没落时期的中华民族，无论藏书楼中有多少传世的经典宝鉴，传统文化中有多少令世人受用无穷的智慧，儒学中的正心诚意、修齐治平的道德修养和治国理政观念如何熠熠生辉，都不可能避免中华民族被瓜分豆剖的命运。历经失败，最终实现中华民族复兴这个伟大任务，落在中国共产党的肩上。中国这个旧邦

要想复兴，改变中华民族的命运，救人民于水深火热之中，不可能再沿着历代改朝换代的道路走，沿着历史上尊孔读经的道路走。

中国共产党成立的首要任务是革命，是推翻压在中国人民头上的三座大山，打倒帝国主义、封建主义和官僚买办，解放全中国，建立一个和历代王朝不同的社会主义新中国。这已经不再是历代封建王朝的延续和更迭，而是社会形态的变化。要实现这个任务，从思想理论指导角度说，只有马克思主义才能发挥这个作用，因为马克思主义就是关于社会形态革命的学说。它的辩证唯物主义和历史唯物主义哲学、劳动价值论和剩余价值学说、以阶级斗争和无产阶级专政为核心的科学社会主义学说，是一个严整的、科学的思想理论体系。只有它才能为中国共产党如何解决中国问题、照亮处于危亡之际的中国、为沦为半封建半殖民地的中国找到一条中华民族复兴之路。中国民主革命的胜利，就是马克思主义中国化的胜利，就是马克思主义与中国实际相结合的胜利。这条道路是通过阶级斗争和武装斗争，通过血与火的斗争，生与死的决战，以千百万人的流血牺牲取得的。这是一条推倒既有社会秩序、等级、法统、道统的"犯上作乱"、革命造反之路，是与儒家和新儒家倡导的修齐治平、内圣外王、返本开新的迥异道路。

在革命胜利之后，中国共产党用了 60 多年寻找中国社会主义建设和改革之路。同样只有运用马克思主义的基本理论和方法，结合中国的实际才逐步弄清社会主义初级阶段的生产力与生产关系、经济基础与上层建筑的关系，解决什么是社会主义、如何建设社会主义的问题，找到建设中国特色社会主义之路。中国特色社会主义理论、道路、制度的建设，就其指导思想理论来说都是马克思主义，是马克思主义和中国实际的结合。

在讨论马克思主义和以儒学为主导的中国传统文化的关系时，绝不能忘记社会形态变革这个重大的历史和现实，不能忘记"旧邦新命"。马克思主义是无产阶级的阶级主义，是为无产阶级和人类解放而斗争的主义；马克思主义立足点是阶级、阶级关系和阶级斗争，而儒学是处理以宗法制度为基础、以血缘为纽带、以家庭为细胞的人与人的关系。儒学学说中没有阶级，只有君子与小人之别。这是以道德为标准的区别，而不是阶级区别。封建社会也有穷人和富人，这种区别在儒家看来只是贫和富的区别，而非阶级区别。儒家处理等级关系的方法，是正名；处理贫富关系的方法，是"贫而无怨，富而无骄"。马克思主义处理的是阶级关系，儒学处理的是同一社会内部的君臣、父子、夫妇、兄弟、朋友关系，即所谓五伦关系，而非阶级对抗关系。因此，马克思主义强调阶级斗争和夺取政权，而儒家强调用"仁"与"和"稳定既成的社会关系。如果不懂得这个根本出发点，就无法理解登上中国政治舞台的中国共产党，为什么不能继续沿着儒家铺就的道路作为中华民族复兴之路，而要举起马克思主义旗帜。

"领导我们事业的核心力量是中国共产党，指导我们思想的理论基础是马克思列宁主义"，我们应该重新温习毛泽东当年这两句话。它包含为什么要以马克思主义为指导，以及如何处理马克思主义与中国传统文化关系的回答。

三、只有继承中国传统优秀文化，马克思主义才能在中国取得胜利

中国要革命，要变革，要走出民族存亡绝境，就必须以马克思主义为思想理论指导。但马克思主义不能取代中国传统文化。中国共产党人即使在激烈的革命时期，无论是在中央苏区，还是后来在延安，都关注文化建设，也关注中国传统文化的教育。毛泽东在《中国革命和中国共产党》《新民主主义论》《改造我们的学习》等著作中都论及如何对待中国传统文化的问题。尤其是《中国共产党在民族战争中的任务》一文中，在讲到学习时毛泽东强调："学习我们的历史遗产，用马克思主义的方法给以批判的总结，是我们学习的另一任务。我们这个民族有数千年的历史，有它的特点，有它的许多珍贵品。对于这

些，我们还是小学生。今天的中国是历史的中国的一个发展；我们是马克思主义的历史主义者，我们不应当割断历史。从孔夫子到孙中山，我们应当给以总结，承继这一份珍贵遗产。这对于指导当前的伟大的运动，是有重要的帮助的。"说句实在话，从孔夫子到孙中山应当给以总结，继承这一份珍贵遗产，这个任务仍然任重而道远。

马克思主义的强大力量就在于它与中国实际的结合，其中包括与中国历史和传统文化的结合。中国共产党是中国的共产党，而不是别的什么国家的共产党；是在中国建设社会主义，而不是在别的什么国家建设社会主义。无论是共产党，还是社会主义社会都是植根在这块具有深厚历史传统和文化传统的 13 亿人口的中国，当然应该重视中国的历史和文化遗产，重视中国传统文化尤其是长期处于主导地位的儒家学说对中国社会结构、对中国人的民族性格、对中国人的思想和价值观念的深刻影响。马克思主义要在思想和情感上为中国先进知识分子和以农民为主的中国人民所接受，必须植根于中国的历史和文化。中国革命需要马克思主义，中国文化和历史传统也能够接纳马克思主义。

依靠武力可以夺取政权，但仅仅依靠武力不能建设新社会。按照毛泽东当年的话，革命胜利只是万里长征第一步。新中国成立以后，需要解决的问题更多。这些问题包括社会生活各个领域，尤其是在精神方面，在软实力的建设方面，仅仅依靠马克思主义作为思想理论指导，而不充分发掘、吸取与运用中华民族丰富的文化资源来进行社会治理、人文素质的培养、道德教化，是不可能完成的。如果说，在以军事斗争为中心的武装夺取政权时期，处理马克思主义与中国传统文化的关系问题还没有那么急迫，那么革命胜利之后，随着社会主义建设的发展，特别是改革开放后社会转型期的道德、信念、理想、价值中呈现出的某种程度的紊乱，就成为一个亟待正确处理的问题。

"攻守易势"和"马上得天下，不能马上治之"，是中国历史的两条重要经验。在革命时期，中国共产党处于攻势，主要是推翻旧中国和改变旧秩序，夺取政权，一句话是攻；革命胜利之后，中国共产党掌握全国政权，不能只破还必须立。现在不是我们向原来当政者进攻的时代，我们自己就是当政者，就处在时刻"被攻"的地位。国家治理如何，社会状况和社会秩序如何，人民生活提高如何，生态环境如何，全国人民的眼睛都望着中国共产党，一切都要由我们当政者自己负责。从这个角度说，革命的胜利，是取得全国政权的开始，同时就是攻守易势的开始。

"马上得天下，不能马上治之。"通过革命斗争打出的天下，不可能在治国理政、调整内部矛盾时照样沿用革命的方法，照用武装斗争的方法。正心诚意、修齐治平，不是中国革命胜利之路，却是取得政权后当权者的修养和为政之道。以儒家学说为主导的传统文化包含丰富的治国理政、立德化民的智慧。必须研究中国历史上治国理政的经验和中国传统文化，尤其是儒家学说中注重社会和谐和民本的治国理政的智慧，研究如何立德兴国、教民化民。如果说前三十年有什么教训的话，我认为我们缺少的正是这个方面。从反右斗争到"文化大革命"发动全国进行群众性的斗争，仍然可以看到"马上得天下，马上治之"的方式。党内党外仍然处在紧绷的斗争之中，剑拔弩张，伤害了一些人。正是从这个教训中，我们理解了依法治国的重要性，理解了中国传统文化中优秀治国理政智慧的重要性，大力倡导树立和践行社会主义核心价值观，构建社会主义和谐社会，实现"马上"夺权到"马下"治国的精彩转身，对于一个民族来说，最有效的学习就是从自己的错误中学习。中国特色社会主义建设就是在不断总结经验中发展和前进的。

四、正确评价儒家在中华民族文化中的地位

中国传统文化博大精深。它流淌于中华民族的生活方式之中和传统的风俗民情之中，凝集在包括儒墨道法诸子百家经史子集的经典之中。儒家不是中国传统文化的全部，但却处于主导地位。中华民族文

化复兴具有极其丰富的内容，包括多方面的任务，不能简单理解为仅仅是复兴儒学。

儒家哲学主要是人生伦理哲学。梁启超把儒家哲学归结为八个字：修己安人，内圣外王。修己安人是儒家哲学的功用。它的作用就是修己，即个人的道德修养或者说是修身。修己达到极处就是内圣，安人达到极处就是外王，即治国平天下。正因为儒家哲学是人生伦理学，因此儒学中的命题都离不开人生问题。从孟荀讨论的性善恶问题、告子与孟子讨论的仁义之内外问题、宋儒讨论的理欲问题、明儒讨论的知行问题，都离不开做人的问题。修齐治平，都是道德修养的结果，都是内圣外王的表现。

陈寅恪关于冯友兰《中国哲学史》的审查报告说："故二千年来华夏民族所受儒家学说之影响，最深最钜者，实在制度法律公私生活之方面，而关于学说思想之方面，或转有不如佛道二教者。如六朝士大夫号称旷达，而夷考其实，往往笃孝义之行，严家讳之禁。此皆儒家之教训，固无预于佛老之玄风也。"儒家学说由于它在中国封建社会的政治作用，无疑长期处于中国传统文化的主导地位。以儒家学说为主导的中国传统文化的重要性，是毋庸置疑的。它是中华民族的血脉和文化之根。我们不可能也不应该割断中华民族的文化脐带，否定中国传统文化。

中国传统文化中的哲学智慧深如汪洋、高如崇山，尤其是其中的辩证智慧和丰富的生态观念。儒家学说虽然不能等同于中国传统文化，但与中国传统文化的基本精神是一致的，具有辩证性。任何片面性都会导致曲解。儒家既讲和——和为贵，又讲礼——"知和而和，不以礼节之，亦不可行也"。礼就是原则，因此"和"是有原则的，而不是无条件的和。既讲"以德报德"，又讲不能"以德报怨"；既讲"仁者爱人"，又讲"惟仁者，能好人能恶人"。有爱有憎，不是只爱无憎。既提倡"穷则独善其身"、孔颜乐处，也倡导"达则兼济天下"。既倡导服从、不能犯上，也倡导"匹夫不可夺志"的独立人格，倡导"富贵不能淫，贫贱不能移，威武不能屈"的大丈夫精神。既讲富民，也讲教民。既讲尊君，也讲民本：居庙堂之高，则忧其民；处江湖之远，则忧其君。既讲向善，也讲向上。既讲民富，也讲国强。既讲厚德载物，也讲自强不息。既讲向善，也讲求真。儒家提倡"杀身成仁""舍生取义"，仁和义是付出生命代价的原则，而不是把自己变为盲目的杀人机器。这是与所谓"武士道"精神完全不同的中华民族精神。

中华民族传统文化是中华民族的精神家园。推翻具有半封建半殖民地社会性质的旧中国，建立社会主义形态的新中国，必须坚持马克思主义思想理论指导，必须有一个科学的世界观和方法论。可要使马克思主义在中国有生长的思想文化土壤，要保持中国人的中华民族特性，要使中国人有一颗中国心，必须继承中国传统优秀文化和优秀道德。如果不以中华民族传统优秀文化和优秀道德来涵养中国人，没有对中国传统文化和优秀道德传统的继承，就培养不出有高度文化素质和道德素质的有教养的中国人。即使取得政权，也不可能建设一个具有高度发达文明和文化的新中国。

中国是多民族国家，我们重视民族文化的多样性，但更要重视中华民族文化一元性的认同。这是维护民族团结、国家统一的思想文化黏合剂。习近平总书记说："一个国家、一个民族的强盛，总是以文化兴盛为支撑的，中华民族伟大复兴需要以中华文化发展繁荣为条件。"历史证明了这个真理，凡以军事力量建立的大帝国，如罗马帝国、蒙古帝国、奥斯曼帝国、波斯帝国，都不可能单纯依靠军事力量来维系。一旦解体，就会分裂为许多各自拥有自己民族文化的国家。一个国家没有占主导地位的统一的文化、没有能相互交流的统一的语言，就没有向心力和凝聚力。苏联解体后的情况，就是如此。原来互为一家，现在有些成员以邻为壑。

五、中国传统文化创造性转化和发展

民族是文化的主体，文化是民族的血脉。清末中华民族传统文化的危机，与中华民族的困境相伴而行。而中华民族的复兴，则是中华民族文化复兴的前提。一个民族文化的命运与民族自身的命运不可分。毛泽东曾经说过："伟大的胜利的中国人民解放战争和人民大革命，已经复兴了并正在复兴着伟大的中国人民的文化。"①没有中华民族的复兴，就不会有中华民族的文化复兴。

只要看看世界文化史，看看当今战火纷飞、民不聊生的伊拉克、叙利亚、利比亚，看看内乱不已的埃及，想想巴比伦文明、两河流域文明、埃及尼罗河文明昔日的辉煌，就可以明白这个道理。一个民族自身的盛衰兴亡决定这个民族的文化命运。任何国家处于分裂，民族处于危亡之际，文化不可能独自辉煌。正是因为中华民族的崛起，孔子才能周游世界，以中国传统文化为内核的国学才能兴起，儒学才能重放异彩。

只有从民族复兴是文化复兴前提的角度看，我们才能理解五四时期先进知识分子，面对千年从未有之变故，为求民族之生存，把中国传统文化称为旧文化，而把自己追求的科学和民主称为新文化的合理性和必然性。传统文化的载体最主要的是儒家经典。反对"尊孔读经"是五四时期先进知识分子的普遍思潮。其实，他们都是具有最丰

---

① 《毛泽东选集》第4卷，第1516页，北京，人民出版社，1991。

厚旧学修养、熟稔中国古籍的人。发端于 1915 年逐步酝酿而爆发的五四新文化运动之所以称为新文化运动，如果脱离当时的历史条件而只就文化自身来划分新旧界线，必然导致文化虚无主义。新文化运动的新，并非针对整个中国传统文化，而是在民族处于存亡之际，把矛头指向服务于封建制度的旧道德、旧的思想传统。五四新文化运动是一次倡导科学和民主的启蒙运动，在文化运动背后包含着追求民族复兴的期待。当然，五四运动留下一个负面影响，这就是把传统文化笼统地称为旧文化，而把民主和科学称为新文化，这种新旧文化二元对立的观念，堵塞了由传统文化向当代先进文化转化的可能性和途径。

中华民族文化如黄河长江，不可能抽刀断流简单区分为新与旧，而是民族精神中的源与流。中国传统文化是中国社会主义文化之源，是文化母体。没有源，河流必然干涸，必然断流。中国文化的特点是源远流长，具有持久性、不间断性和累积性。魏徵《谏太宗十思疏》曾讲到源与流的关系，说"欲流之远者，必浚其泉源"，"源不深而望流之远""塞源而欲流长"根本不可能。当代中国文化同样存在"浚源"与"塞源"的问题，要"浚源"而不能"塞源"。这当然不是说，我们可以原封不动地保持中国传统文化。源是文化母体，流是文化的延续。文化是流动的水，它不会停止。可是它往哪个方向流，是与政治道路选择密不可分的。

中国传统文化在近代的流向有不同的主张：往回流、往东流、往西流、往前流。往回流，是辛亥革命后的复辟派，以及当代中国个别新儒家中主张"儒化社会主义""儒化共产党"的思潮。这是往回流的复古思潮。往东流是甲午中日战争后，中国败于自己的学生日本而引发的留学东洋的热潮，但很快就为西流所取代。往西流是主张"全盘西化"。这种思潮，是反对"中国文化优越"论的保守旧思想，其中包含向西方学习的某些合理主张，可"全盘西化"的政治道路是走不通的。在当代社会主义中国，"全盘西化"是与中国特色社会主义道路逆向而行的思潮，其中不乏"西化"和"分化"的诱饵，是为在中国推行"颜色革命"从思想上铺路。可以说，往回流、往东流、往西流，都是中国传统文化的断流。只有继承和发扬中国优秀传统文化，吸取西方先进的优秀文化，建立社会主义先进文化，才能使中华民族文化滚滚前流。保持中国传统文化滚滚前流的机制，就是习近平总书记提出的以马克思主义为指导的创造性转化和创新性发展。

六、可不可以"尊孔读经"

在中国传统文化创造性转化中，有一个重要问题就是文化复兴与文化复古的界线问题。其中最尖锐最具争论性的问题，就是要不要尊孔读经，可不可以尊孔读经。按照历史唯物主义观点，没有抽象的真理，真理是具体的。为维护封建制度或复辟封建帝制的"尊孔读经"，无论是清末的中体西用还是袁世凯们提倡的"尊孔读经"，都是我们必须反对的。某些文化保守主义者提倡的以对抗马克思主义为目的、以抵制西方文明优秀成果为旨归的"尊孔读经"，也是我们不能赞同的。

在社会主义条件下，"尊孔读经"是另一种性质的问题。此一时，彼一时。经，要不要读？这是毫无疑问的。"经"是中国传统文化的文本载体，要深入研究和理解传统文化，读经是必经之路。"孔"，要不要尊？孔子是中国伟大的思想家、教育家，是中国传统文化的整理者、继承者和创造者，理应受到尊敬。关键不在于是否"尊孔读经"，而在于为什么读，如何读；为什么尊，如何尊。创造性转化，是文化复兴和文化复古的界线。文化复兴立足点是今，是古为今用；文化复古的立足点是古，是今不如古。

只有创造性转化，才是正确处理马克思主义与中国传统文化关系的枢纽。而创造性转化的理论和方法论原则，就是坚持马克思主义的基本理论和方法论指导。我们不可能依然按照封建统治者的态度对待孔子和儒家学说。中国的变革，不是沿着原有的改朝换代方式向前发展，而是社会形态的变化。这种变化，不可能不改变孔子和儒学在封建社会原来的地位和功能。中国共产党人从中国历代帝王对孔子加封的那些"阔得吓人的头衔"中，既看到孔子在中华民族的地位，同时也看到历代统治者尊孔的政治意图。中国共产党人同样尊重孔子，但不是把它作为维护既定社会秩序的思想工具。中国共产党人是革命者、改革者，是一切既得利益和等级制度的反对者。我们要真正恢复孔子作为中国伟大文化整理者、创造者、伟大思想家、伟大教育家的地位，还原一个在中华民族文化创建中具有至高无上地位的真实的孔子。对于儒家学说，我们也不是像历代封建王朝那样看重论证等级制度合理性、维护既定社会秩序的政治职能，而是吸取其中治国理政、道德教化的哲学智慧和人生伦理智慧，清洗它在中国传统文化中处于主导作用的浓重的政治性因素，重视它对中华民族特性塑造的文化功能，并与中国传统文化中博大精深的多种智慧相结合。

我们提倡中华民族的文化复兴，祭拜孔子，阅读经典，不是简单呼唤回归儒学、回归传统，更不是独尊儒术。祭孔，是国家大典，表示我们国家对中华民族伟大先圣孔子的尊敬，并非要在所有地方、所有学校普遍开展全民的祭孔运动；读经，深入研究经典是国学家的专业，也并不需要学校普遍开展全民读经活动。在中国传统文化的教育中，我们当然要注重经典的学习，但终究不是所有学生都是国学家或准备当国学家。在当代世界，我们应该引导学生关注世界，关注世界形势和科学技术的新发展，关注现实，关注中国特色社会主义的建设。我们不能把学生的全部注意力和兴趣引向"古书"。专业研究是一回事，传统文化教育是另一回事。

传统文化教育更不能取代马克思主义教育。马克思主义教育完全能够与中国传统文化教育相结合，并行不悖，相得益彰。如果社会主义国家的青年学生不学习马克思主义，对什么是辩证唯物主义、什么是历史唯物主义、什么是资本主义、什么是社会主义，对马克思主义最基本的原理，如生产力和生产关系、经济基础和上层建筑等一点常识都没有，那么，他们拿什么去观察当代世界、观察当代社会、观察我们的国家呢？而且可以断言，不懂马克思主义基本理论和方法，对中国传统文化的精髓也很难把握。

在中国传统文化教育中，应该区分学生文化程度和接受水平，有选择性地阅读"经典"，包括某些骈散名篇、诗词佳作。这有利于文化素质和道德水平的培养。但对没有分辨能力的青少年，要加强引导。我不赞同不加区分地宣扬用《女儿经》去造就现代的淑女和闺秀，用《二十四孝》中的"埋儿得金""卧冰求鲤"作为孝道的榜样，用《弟子规》把我们的孩子培养成"中规中矩""低眉顺目"没有创造性的小大人，更反对不问是非只讲温良恭俭让的绵羊性格。

中国传统文化是阴阳合一、刚柔相济的文化。当代世界并不平静，波涛汹涌，我们要有忧患意识。我们要重视培养青少年的爱国主义传统，刚健有为，有血性、有刚性、有韧性。这是中华民族复兴伟大事业代代相续不会中断的保证。"加强爱国主义、集体主义、社会主义教育，引导我国人民树立和坚持正确的历史观、民族观、国家观、文化观，增强做中国人的骨气和底气。"习近平总书记这段话，应该是我们重视中国传统文化教育的根本目的。

我们不要抽象地争论马克思主义指导思想和中国传统文化的关系，尤其是非历史主义地争论马克思主义与儒学的高下优劣、抑扬褒贬。因为，它们一个是中国革命和社会主义建设的思想理论指导，一个是中华民族的精神血脉和中华民族的文化之根。应该用历史唯物主义观点处理马克思主义与中国传统文化的关系，反对蔑视以儒学为主导的中国传统文化的文化虚无主义，中国的马克思主义可以从中国传统文化的精髓中得到思想资源、智慧和启发；也要防止以高扬传统文化为旗帜，反对马克思主义、拒斥西方先进文化的保守主义思潮的沉渣泛起。

/ 05

马克思主义中国化进程中的时代课题

马克思主义与中国传统文化相结合，是当前继续推进马克思主义中国化中一个重要的理论和实践问题。

从历史角度看，早在民主革命时期，马克思主义与中国传统文化的关系就为中国共产党人所关注。毛泽东同志在《中国共产党在民族战争中的地位》《新民主主义论》等文章中，从历史唯物主义的高度对这个问题做过论述。他指出，"从孔夫子到孙中山，我们应当给以总结，继承这一份珍贵的遗产"，并提出了对中国传统文化应采用取其精华、去其糟粕的批判继承原则。毛泽东同志的《矛盾论》《实践论》和刘少奇同志的《论共产党员的修养》等著作，是马克思主义与中国传统文化相结合的典范。但是，民主革命时期中国共产党人面临的最紧迫任务是进行军事斗争，夺取政权，建立新中国，因而马克思主义与中国实际相结合的重点首先是从当时中国的经济、政治和阶级状况出发，探索如何制定与中国实际相符合的革命路线包括军事斗争的战略和策略。新中国成立后特别是改革开放以来，随着社会主义建设的逐步展开，马克思主义与中国实际相结合所关注的重点越来越深入思想文化领域。

当今世界，文化与经济和政治相互交融，在综合国力竞争中的地位和作用日益突出。西方国家十分重视文化软实力建设，大力向发展中国家推销其价值观念。在国内，我们面临着建设社会主义核心价值体系、建设中华民族共有精神家园的重大任务，文化建设成为十分重要而紧迫的任务。因此，在马克思主义中国化进程中，坚持马克思主义在意识形态领域的一元化指导地位，正确处理马克思主义与中国传统文化的关系，也就成为中国共产党人在当前意识形态和理论工作中的重要使命。可以说，马克思主义与中国传统文化相结合，是马克思主义中国化继续推进的历史必然，是具有时代性的课题。

一、马克思主义与中国传统文化相结合的必要性

正确处理马克思主义与中国传统文化的关系，首先需要弄清两者

为什么必须结合。

马克思主义与中国实际相结合内在地包括与中国传统文化相结合。中国传统文化是中国实际的一部分。不理解中国传统文化，就难以全面把握中国实际。毛泽东同志说过："对于中国共产党说来，就是要学会把马克思列宁主义的理论应用于中国的具体的环境。成为伟大中华民族的一部分而和这个民族血肉相联的共产党员，离开中国特点来谈马克思主义，只是抽象的空洞的马克思主义。"[1]一个国家最具特点、最能表现国家和民族特色的，就是其传统文化。过去如此，在改革开放历史新时期也同样如此，中国文化并不会因为实行改革开放和进行国际文化交流而失去自己的特色。事实上，改革开放以来，中国共产党倡导的全面建设小康社会、坚持以人为本、构建社会主义和谐社会等，都体现着中国传统文化的特色。

成为具有中国特色和中国气派的马克思主义必须与中国传统文化相结合。推进改革开放，建设和发展中国特色社会主义，是在中国这个具有自己独特文化传统的国家进行的。文化传统有着巨大的惯性作用。传统文化是文化传统的主要来源，在现实社会中继续发挥着作用。马克思主义能否与中国传统文化相结合，关系到马克思主义在中

---

① 《毛泽东选集》第2卷，第533页，北京，人民出版社，1991。

国能否生根、能否得到中国人民的文化心理认同。如果马克思主义不能与中国传统文化相结合，脱离了中国的文化传统，就不可能把马克思主义变为具有中国特色的马克思主义，也就不可能使马克思主义在中国的文化土壤上扎根。马克思主义是科学的理论，是符合中国革命和建设需要、符合中国人民根本利益的理论。从传播和接受的方式来说，它也需要与中国传统文化相结合，成为具有中国特色和中国气派的马克思主义。

推进马克思主义大众化必须认真研究和学习中国传统文化。大众化离不开语言这一载体，语言通俗是马克思主义大众化的重要方式。马克思主义有自己特有的范畴、概念和理论思维方式，要想使之真正在中国发挥作用，就不能只说从国外翻译过来的专业行话，而要学会说中国话，即运用中国人的语言风格和表达方式。黑格尔说过，一个民族只有用自己的语言来习知那最优秀的东西，这东西才会真正成为它的财富，否则它还将是野蛮的。他还说："我也在力求教给哲学说德国话。"而要让马克思主义说中国话，就必须研究和熟悉中国传统文化。没有语言的通俗化，很难做到大众化。如果不把马克思主义从课堂上和书本里解放出来，通过语言的通俗化使其走进人民大众，就难以发挥其教育群众、武装群众的作用。中国传统文化不仅有深厚的文化积淀，而且有丰富而生动的哲学语言，充满富有智慧的表达方式。要使马克思主义真正为中国人民所喜闻乐见，中国的马克思主义者必须认真研究和学习中国传统文化。

二、马克思主义与中国传统文化各自的性质决定了二者相结合的可能性

马克思主义与中国传统文化相结合并不是建立在抽象的必须上，而是确实存在这种结合的可能性，即不仅是必须结合而且是能够结合。这种结合的可能性，取决于马克思主义理论与中国传统文化的各自特质。

马克思主义是具有世界性的科学理论，易于在不同民族文化中扎根。马克思主义是在继承和改造人类知识中产生的，它不单属于哪个民族，而是具有世界性的科学理论。马克思主义的传播也是如此。因为它是科学理论而且具有普遍适用性，因而很容易在其他国家的文化土壤中生根，得到认同。关于马克思主义在其他国家传播和接受的可能性问题，恩格斯说："马克思的世界观远在德国和欧洲境界以外，在世界的一切文明语言中都找到了拥护者。"①如今，马克思主义早已

---

① 《马克思恩格斯选集》第4卷，第212页，北京，人民出版社，1995。

越过欧洲和美洲，传播到全世界，在各种不同民族文化中扎根。

中国传统文化倡导和而不同，具有海纳百川的极大包容性。在中国文化史上，既有东学西渐也有西学东渐，宗教从来没有在中国文化中处于完全主导地位，中国文化不具有排他性的宗教文化特色。中国传统文化是一种崇尚理性和智慧的道德伦理型文化，对马克思主义有一种亲和力。这不仅是由于中国传统文化具有兼容并包的特性，而且由于它们在内容上有许多契合之处。如中国传统文化中的大同思想、民本思想、和谐思想、素朴的唯物主义和辩证法等，都与马克思主义有某种程度的兼容性。可以说，从传统文化的性质和内容说，中国传统文化具有能够与马克思主义相结合的内在规定性。

当然，无论从时代性、阶级性还是从社会功能来说，马克思主义与中国传统文化都是不相同的。强调马克思主义与中国传统文化能够结合，并不是否认其中存在的时代差异性和理论矛盾。正因为如此，如何解决两者结合中的矛盾就成为一个必须重视的课题。马克思主义不会也不能取代中国传统文化，而应发挥其特有的世界观和方法论的指导作用，推动中国传统文化与当代社会相适应、与现代文明相协调，既保持民族性又体现时代性。而中国传统文化的研究者应该重视对马克思主义的学习，掌握马克思主义的基本理论和方法。马克思主义与中国传统文化相结合，可以使两者都得到丰富和发展。中国传统文化由于马克思主义的指导而实现符合时代需要的现代性转化，马克思主义由于中国传统文化的滋养而更具中国特色。正是在这种结合中，马克思主义中国化、时代化、大众化才能不断向前推进。

三、防止文化虚无主义与文化复古主义

在马克思主义与中国传统文化相结合的过程中，有两种错误倾向应当防止，即文化虚无主义和文化复古主义。文化虚无主义极力夸大马克思主义与中国传统文化的矛盾，认为马克思主义与中国传统文化不可共存，坚持马克思主义就必须彻底否定中国传统文化。这是一种错误的幼稚思想。在推进社会主义文化建设中，我们应时时注意到这一点，不能犯否定传统、与传统彻底决裂的错误。与此同时，也要防止文化复古主义。特别是在倡导民族文化复兴的新形势下，不能把重视传统文化与无条件地推行尊孔读经等同起来。中国传统文化内容丰富多彩、各家并存。虽然儒家学说在中国传统文化中长期处于主导地位，但其他各家各有贡献、各有所长。我们应全面研究中国传统文化，特别是重视研究儒家学说，因为它是重要的文化遗产，其中包含许多宝贵思想财富，但不能把重视中国传统文化变为文化复古。中国传统文化是建立在农业生产方式基础上的以血缘关系为纽带、以宗法

制度为依托的文化，具有时代和历史的局限性。

中国文化既包括中国传统文化，也包括中国当代文化。就马克思主义与中国传统文化的关系来说，马克思主义来自西方，相对于中国传统文化属于外来文化；但中国化的马克思主义则属于中国文化，而且是中国当代文化的指导思想和核心内容。我们应立足于当代，以当代人的观点重新诠释传统文化，对传统文化进行合理的吸收和现代性转化，以表达现代人的眼光和观点，而不能把当代人的理解全部挂在古人名下，甚至对其明显的错误极力辩解、极力拔高并加以粉饰。不管某些论者如何排斥马克思主义，认为儒家学说自身依然充满活力，通过"返本开新"就能自我更新，但历史已经证明这条路走不通。

在当代，马克思主义与中国传统文化相结合的根本目的是推进马克思主义中国化，创造当代中国先进文化。社会主义中国要建立和发展与其经济基础相适应、以马克思主义为指导、以中国传统文化为根、以人类优秀文化为营养的社会主义先进文化。这是马克思主义与中国传统文化相结合的正确走向。

下 篇

文化强国与中国道路

/ 01

努力建设社会主义文化强国

在中共中央十七届六中全会上胡锦涛同志的重要讲话和全会关于推动社会主义文化大发展大繁荣若干重大问题的决定中，提出了努力建设社会主义文化强国的号召。这是全国理论工作者，尤其是文化工作者面临的伟大历史使命。

一、繁荣和完善中国特色社会主义社会必经之路

中国是世界著名的文明古国。中国文化源远流长。中国的文化在历史上一直繁荣，可中国文化并没有也不可能阻止中国沦为半封建半殖民地的悲惨处境。东方其他文明古国也类似。根本原因是农业生产

方式斗不过工业生产方式、没落的封建社会敌不过新兴的资本主义社会。

当代中国与以往历史上的中国不同。中国是社会主义国家，中国的和平发展令世人瞩目。从一个经济落后、政治腐败的旧中国，成为当今世界第二大经济实体，成为立党为公执政为民的人民民主国家。中国特色社会主义在经济建设、政治建设、社会建设、生态文明建设诸多方面都取得了重大成就。在处在世界大发展、大变革、大调整时期的当代中国，建设社会主义文化强国，是进一步繁荣和完善中国特色社会主义的必经之路。

任何社会都是由经济、政治、文化构成的有机体。在社会统一整体中，文化是作为一定的经济和政治在观念形态中的存在方式具有重要作用的。只有努力建设社会主义先进文化，才能与中国特色社会主义经济制度和政治制度相互促进、共同发展，才能使中国特色社会主义成为充满活力的社会有机体。新中国成立六十多年来特别是改革开放三十多年，我们党一贯重视精神文明建设，重视社会主义先进文化建设。当前，由于全面建设小康社会的需要，由于中国特色社会主义经济和政治发展的需要，由于当代世界的经济形势和政治格局以及国际矛盾的文化表现方式，中国共产党及时地把建设文化强国提到重要地位。这是放眼当今国内外形势提出的一项具有战略意义的措施。

历史唯物主义关于经济、政治、文化及其相互关系的社会结构理论，绝不是说，文化仅仅反映经济和政治要求而不存在于整体之中。社会各种要素是相互渗透的。经济和政治生活中有文化，正如文化中存在经济和政治一样。文化对经济和政治之所以重要，正在于它不是外在而是内在于经济生活和政治生活过程之中。在当代世界，文化已成为综合国力的重要组成部分，文化产业成为当今的经济支柱产业，成为我国转变经济增长方式的重要途径。而且，政治文化观念的成熟是推动和坚持正确的政治体制改革方向的理论先导。

二、文化强国与提高文化软实力

文化是软实力，关于这一点学者和公众都无异议。可文化作为软实力的作用的真正发挥，并不完全在于文化价值本身，而往往取决于一个国家和民族在世界的经济地位和政治地位。在旧中国，虽然西方也有少数学者翻译过中国文化的经典，赞叹过中国文化，可中国传统文化在西方的影响仍然与中国的大国地位极不相称。孔子再伟大，当时孔子学院也难以漂洋过海。"乘桴浮于海"这句牢骚话，而今已经变为现实。一个孱弱贫穷落后的旧中国，单靠文化令世界尊敬是不可能的。而今孔子学院遍布世界，儒学声名大振，中国传统文化受到西方学者的青睐，从根本上说，是中国的崛起在文化上的反映。中国商品走向世界、中国影响走向世界，作为中国传统文化标志的孔子当然也要走向世界。其他几个文明古国的文化名人没有这种际遇，原因无它，只是因为这些国家还没有强大到令世人瞩目的地步。

但我们绝不能以经济和政治实力取代文化，文化的作用是巨大的。文化作为软实力，归根结底还要靠文化自身的价值。中国文化在当今世界的影响，固然要依靠中国的国际地位的提高，但中国文化自身的博大精深，源远流长，积数千年之精华，拥有难以计数之经典，文化资源之丰富，在人类历史上极为少见。中国文化理应走向世界。我们应该建设文化大国、文化强国，提升软实力，增强中国文化尤其是当代中国文化在国际社会的影响力。

当今世界，文化被称为软实力，极其明显地表明，无论是对一个国家社会自身的发展还是国际交往，文化都越来越显示出它的重要作用。可是，文化作为一种软实力，它究竟是起着推动社会进步和促进国际间正常文化交流以及友好往来的软实力，还是单纯起着维护统治者的利益和国际霸权的软实力，这是大相径庭的。

软实力这个概念，是美国哈佛大学肯尼迪政府学院教授约瑟夫·奈提出来，他说自己在二十年前就意识到美国虽然保持硬的军事实力和经济实力，但正在失去软实力。因为，国际关系理论中窄化了权力概念，忽视了非物质性要素通过吸引力也能够对行为体产生的影响。因此，在纪念9·11十周年的文章中，他特别重提软实力问题。他赞扬奥巴马在认识9·11事件教训后，在将硬实力和软实力结合起来的整体战略方面做得很成功。在与伊斯兰极端恐怖主义的斗争中，需要用硬实力对付那些死硬恐怖分子，比如奥萨马·本·拉登，但是我们不能指望去打赢这场战争，除非我们赢得了主流穆斯林的心。如果硬实力运用不当，导致新生的恐怖分子比我们杀掉或阻止的人还要多，我们就输了。在全球化信息时代，9·11的教训是，即使美国拥有更高级的核能力，或者拥有相互相摧毁的能力，但要应对非对称的恐怖主义的出其不意的袭击，软实力比以往任何时代都发挥了更大的作用，而且它也是巧实力战略的一大部分。可见，在当代世界，美国的软实力既为它反对恐怖主义服务，也为它推行自己的人权外交和全球战略服务。美国的软实力是服务于美国利益的软实力。

在9·11之后美国有不少人问：为什么世界上有如此多人如此痛恨美国？他们当然不知道美国超级大国的霸权主义行径在世界人民中所引起的反感，而把问题放在软实力上，也就是让世界接受美国人的价值观、认同美国人的价值观念。如果美国的软实力与硬实力的结合，或者像他们说的软实力仍然是服务于美国的霸权主义政策，未见得能够真正达到目的。

文化软实力的性质和作用，取决于文化的根本属性和内涵。软实力只能说明文化的作用，而文化的社会属性和内涵才能说明这种软实力的先进性。在作为软实力的社会主义文化中，我们应该重视传统文化，特别是在世界文化交流中，传统文化的作用是无可替代的。但我们同样应该重视社会主义先进文化的建设，应该向世界介绍六十年来，社会主义中国在各个文化领域中取得的成就。世界关注中国，同样也会关注中国文化的发展和当代状况。只有古典而没有当代的文化，是不可能真正成为软实力的。

或许有人会说，社会主义先进文化作为软实力不可行，社会主义先进文化难以走出国门，因为它是意识形态而非文化。这是一种错误观念。社会主义先进文化当然是一种体现社会主义制度本质和以当代中国马克思主义为指导的文化。在国内，它有利于树立社会主义核心价值观，提高中华民族的人文素质和塑造高尚人格，成为凝结各个民族团结的向心力；在国际上它反对文化冲突论，倡导文化友好交往和文化相互借鉴，有利于国际和谐关系的建立和世界多样性文化的共同发展。改革开放以来的社会主义先进文化让世人看到，中国和平发展的理念、成就以及中国人的价值观中凝结的先进文化内涵，让世界看到完全不同于与霸权主义的硬实力相结合的另一种性质的软实力。这是一种海纳百川、和而不同，具有中华民族特色又极具包容性的文化软实力。

在理解软实力时，应该区分文化与一个国家的核心价值。文化的传播，往往是文化的相互交流、融合、提高，给交流双方的文化发展都带来好处。而西方资本主义社会核心价值的传播和输出，更多表现的是一种文化的入侵。因此，我们在对待西方文化时，应该区分它的国家的核心价值和西方民族的文化积累。我们应该吸取西方文化中优秀成果，但要防止西方核心价值以普世性的名义所发动的思想入侵。

西方不是依靠也不可能依靠它的传统文化来实现自己的政治意图，不是依靠亚里士多德、柏拉图、莎士比亚、康德、黑格尔从文化上征服世界，即使这些人以及他们的思想对世界文化仍具有影响和吸引力，而真正发挥文化软实力作用的是它的核心价值即它们所说的普世价值，也就是资本主义的自由、民主、人权、平等等当代西方资本主义的核心价值观念。

中国在建立文化强国的过程中，应该重视中国传统文化，它是我们的民族文化之根，应该向世界介绍和推广中国传统文化。但传统文化表明的是我们民族辉煌的历史，而不是具有时代特征的当代中国的先进文化。在当代世界，如果社会主义中国没有中国特色社会主义的先进文化，没有自己的社会主义核心价值，而只是单纯依靠传统文化，是不可能在世界上真正具有话语权的。苏联解体的教训证明，不管俄罗斯文化，还是 19 世纪的俄国文学在历史上如何优秀，社会主义如果不在继承传统文化基础上创立先进文化，同样不会有文化话语权，同样会在激烈的世界文化竞争中被打败。因此，建设文化强国必须以马克思主义为指导，以社会主义核心价值为中心，以中国传统文化为根，以西方优秀文化为思想资源，建立具有时代特征、民族特征和社会主义特色的文化话语体系。

三、文化安全与文化交流

建立文化强国，保障文化安全并不是拒绝文化交流。文化安全与文化交流不是对立的。以为强调文化安全就会妨碍甚至拒斥文化交流，或者要文化交流，就不能强调文化安全，这种说法是一种似是而非的二元对立的思考方式。在当代经济全球化和西方强势霸权的政治格局下，容易为在文化交流掩盖下的文化入侵作辩护。

文化交流是人类自古以来就存在的文化交往现象，中国与西方、与周边各国，至少从汉唐就开始有文化交流。我们古代曾有过两条丝绸之路，一条是陆上的，从长安，经河西走廊，出玉门，走葱岭；另一条是海上的丝绸之路，从广州，泉州，扬州，穿过马六甲这条路。两条丝路沿线各国之间，既有贸易往来，又有文化交流。当时并不存在文化安全问题。不论佛教的传入，还是中国传统文化尤其是儒学的向外传播，无论是输出还是接受，都没有政治目的，而是友好文化交往。

随着资本主义的兴起，西方资本主义国家在向外输出商品和资本的同时，也输出西方文化，包括西方的自然科学和社会科学以及西方的资本主义观念。虽然，这种文化的输出有些也包括殖民文化的内涵，但总的说来具有进步作用，因为它是较先进的资本主义生产方式以及资本主义文化观念向仍然处于封建社会的东方社会的国家的流入，客观上是对封建文化的一种外来冲力。例如，自明清以后，西方通过耶稣教士的传教，中国人向西方学到了一些先进观念和科学知识。尤其是五四时期，科学与民主观念，对中国社会和知识界起了很大的启蒙作用。当时，也不存在文化安全问题。虽然国家存在被殖民化或被瓜分的危险，但这不是来自文化入侵，而是资本主义经济和政治的殖民主义。这其中也包含着某些文化入侵的因素，但它是经济和政治的殖民的必然结果。

文化安全问题，是在全球化背景下出现的新问题。文化交流是世界文化多样性的必然要求，随着国家经济往来的加强，也会发生文化上的交往。这是一种好的交往，是文化上的相互吸收、相互学习，它表现为文化包容性和民族文化发展的一种方式。中国人并不拒绝西方文化。凡是对别国的文化采取开放态度并且乐于吸收各种文化养料的国家和民族，都表现出了这一国家和民族在促进本文化发展过程中的文化自信。文化交流不涉及文化主权，不涉及文化侵略、文化霸权，而是文化上的互补和相互借鉴。

文化安全是另一种性质的问题，它不是拒绝文化交流，而是防范处于经济和技术强势地位的某些西方发国家把它的核心价值观念作为一种软实力，通过各种方式以文化名义向别的国家进行文化入侵，以达到它的经济和政治目的。美国领导人在演讲中就坦言，当今世界是以美国为首的西方国家主导的全球化世界，声言西方是全球活动的催化剂，要由自己的思想力量领导。西方的确一直在用人权外交，价值观外交作为手段，输出它们的核心价值观念，迫使其他国家就范。并且因为它们拥有先进的科学技术，容易利用互联网以及他们掌握的各种高科技的新的传媒手段做到这一点。这就产生了文化安全问题。世界上一些地区和国家发生的一些所谓"颜色革命"，其中一个原因不能不说与此相关。这种价值观输出和人权外交，与其说是文化交流，不如说是意识形态的入侵。因为它并没有先进的文化内涵，没有科学知识含量或思想智慧，而是以符合西方资本主义利益的核心价值观念为手段的思想渗透。

对社会主义国家来说，这是全球化背景下所要面临的新的文化挑战，如果西方资本主义的核心价值观念成为社会主义国家的主流文化，如果在意识形态领域中失去自己的文化主导权，失去了话语权，就会铺设一条通向颜色革命的思想之路。

文化安全问题不是针对文化交流说的，而是针对文化霸权说的、针对意识形态入侵说的。在当今全球化背景下，西方发达国家特别是大国，拥有强势的技术手段，尤其是网络的优势地位，更容易进行意识形态的入侵。文化交流与文化安全是两回事。文化需要交流，安全需要防范。文化安全不是消极防御，而是强化文化自觉和文化自信，积极创造具有中国特色社会主义先进文化，大力构建社会主义核心价值观念，这既是安全的文化屏障，也是以我们的创新文化进行世界文化交流。只有文化强国才有文化安全。

四、破解文化强国建设的体制之谜

在市场经济条件下如何建设文化强国，是处于两难境地的选择性问题。如果把文化全部推向市场，势必削减国家对文化的投入，弱化公共文化建设和公共文化产品的产出，减少甚至剥夺全国不少低收入人群享受文化的权利。这样不是建设文化强国，而是使国家的文化弱化。因为一个人民群众不能享受文化教育和陶冶的民族，是低素质、低水平的民族。

反之，如果文化完全由国家包办，在经济、市场发达的当代世界，在已经由计划经济转向市场经济的当代中国，仍然不能运用市场经济的运作模式来发展文化，面对西方发达的文化经济产业，无论从文化上还是从经济上我们都会处于竞争劣势。一切由国家包办，由于财力和人力不足势必会阻滞文化的发展。并不会因为一切由国家包办，全体人民就能享受到同样高水平的文化消费。因此，我们就要进行文化体制改革，采取文化企业和文化产业并举的两条腿走路的方针，把政府的归政府、企业的归企业。办好文化事业，发展文化产业，既能满足群众对公共文化产品的需要和享受，又能通过竞争创新文化，提供优质文化产品，满足不同层次的文化需求。这是真正大力发展社会主义文化，破解建设文化强国体制之谜的关键。

文化产业的经济效益，往往要依赖先进的科学技术来承载。西方发达国家之所以能在世界上宣传它们的价值观念，在很大程度上借助的是它们先进的科学技术。它们在取得最大经济效益的同时，又在意识形态领域占据某种强势地位。西方文化产业，不单纯是牟利的文化企业，同时又是意识形态的阵地。

在文化强国的建设中，无论是文化企业还是文化事业，都是属于社会主义先进文化建设的组成部分，都必须坚持马克思主义在先进文化中的指导地位，张扬社会主义核心价值。这是否会妨碍文化产业经济的发展呢？不少人有这个疑问。他们错误地认为软点、软点再软点，俗点、俗点再俗点，就能打入世界文化市场，这是一种文化自弱和自残。当然，国际和国内的文化产品有所不同，所以在文化产品的传播方式可以多样灵活，文化产品的内容可以更具民族特色，做到充分考虑西方观众和读者的文化接受习惯。

在文化产业中，我们在谋求经济效益的同时，必须充分意识到文化产品的价值内容。即使在国际上，我们同样应该使我们的文化产品承载着中国文化的特有价值观念；不能像西方政治家嘲讽的那样，中国只能出口电视机而不能出口电视剧。当然，我们强调文化产业也要以马克思主义为指导，是针对指导经营方针和经营者的理念说的，而不是说文化产品都是硬邦邦的意识形态的话语。在这里文化创意具有重要意义。如何使文化产品喜闻乐见和具有吸引力，同时又坚持我们自己的价值观念，这是衡量文化产业经营者的马克思主义理论水平和企业文化水平的重要标准。如果社会主义的文化产业，可以不管社会效益，只管经济效益，以媚俗、低俗成为资本主义价值观念的"宣传员"，甚至伤害国格人格以迎合西方的认可，这肯定背离了以马克思主义为指导的文化建设方针。这种文化产业不能称为社会主义文化产业。

五、建立文化强国的迫切性

党中央提出建立文化强国的方针极其重要，极其及时。在文化问题上，中国文化处于明显的矛盾之中。中国既有几千年丰富的文化遗产，是世界上的少数几个文明古国，可近百年来，我们的现实又是一个文化比较落后的大国。从鸦片战争以后，中国处于经济、军事、文化没落时期。我们的文盲多，科学技术落后，教育落后，和西方资本主义国家特别是与发达资本主义文化教育和文化产业发展相比，我们很落后。

新中国成立六十多年来，特别是改革开放以来，随着中国社会主义制度的确立和经济的迅速发展，我们的文化发展状况有了很大的改变。但与 GDP 增长速度和外汇储备累积速度相互比，我们的文化尤其是文化产业仍然落后于西方资本主义国家。在文化方面，与中国历史上文化繁荣时期相比，我们可以说是富先辈、穷后代。我们的文化缺乏创新，缺少能送到西方的当代中国文化。我们不能仅仅满足于翻译中国传统经典，事实上也很难单纯以中国传统文化来抵制和消除西方自由、民主、平等、人权价值观对我们青年的影响。

中华民族伟大文化复兴不是复古的口号，不是在文化上要回到古代，复我汉唐衣冠和古礼古风，而是在文化上，应该恢复中国以往在世界文化中的重要地位和曾经做出过的重要贡献。我们的重点应该是发展社会主义先进文化，丰富和发展社会主义核心价值观，并以此为内容发展当代社会主义的新文化。

毫无疑问，创造当代中国文化，我们的传统文化特别是儒学，是重要资源。我们应该对其有专门研究，取其精华，去其糟粕，使其成为社会主义当代文化的重要来源。我们不能割断文化发展的血脉，但文化也不是一尊不动的塑像，而是不断流动的活水。文化需要继承，任何企图割断中国当代文化与传统文化的脐带的文化虚无主义都是错误的。但文化更需要创造。"问君哪得清如许，为有源头活水来。"我们需要反映当代中国特色社会主义建设成就，反映当代生活的文化、艺术，以及其他文化领域的新创造，这些应该是在建立文化强国的过程中特别加以支持和扶植，特别需要大力发展的领域。

在建立文化强国的伟大任务中，文化工作者肩负着特殊的使命。因为他们肩负着文化传承和文化创新的重要任务。广大文化工作者不断提供新的文化创意是发展文化事业、文化产业的智力支撑。从一定意义上说，文化工作者是文化生产和传承的智力"工人"，是文化产品，包括文化新的创意的直接创造者。我们文化工作者的创新能力、创新意识、创新水平和对文化的自信自强及自觉能力直接关系到文化强国的建设。正如没有优秀工人的工厂不可能有高质量的产品一样，文化领域没有优秀的文化工作者，尤其是缺少一些大师级人物，就难以承担起建立文化强国的光荣历史使命。

可以肯定，在建设文化强国的时代，一定同时是卓越的文化人物涌现的时代，是文化领域群星灿烂的时代。

/ 02

历史唯物主义与中国道路

　　中国道路问题，是最受世人关注的重大问题。中国选择什么道路，中国向何处去，不仅关系到中华民族的命运和全体中国人民的切身利益，也会改变世界政治格局和大国之间的力量消长。"中国威胁论""中国经济崩溃论"等，本质上都是以话语形态出现的包含对中国道路取得的伟大成就的焦虑和恐惧。

一、中国道路与中国方案

　　中国道路，就其一般意义而言，包括中国革命、建设、改革所经历的全过程。所谓中国道路对过去来说是中国的革命和社会主义建设历史，对现实而言它就是中国当代的社会主义实践，对未来而言它就是中国为之奋斗的实现"两个一百年"奋斗目标和中华民族伟大复兴，并最终实现共产主义。作为一个整体，它就是中国共产党领导中国人民革命和建设的实践历史过程。中国共产党95年来走过的道路，内含着中国共产党人的文化自信，其深层本质是对共产党执政规律、社会主义建设规律、人类社会发展规律的把握。

笔者以为，中国道路的提法或许比中国模式的提法更确切，更符合马克思主义哲学的本意。模式的提法难以表达中国特色社会主义道路的本质。从语意来说，模式是成型的、静态的、稳定的。用在国家发展上，模式具有排斥性，把自己国家的发展视为不同于其他国家的唯一的最具优越性的发展方式，或者认为自己国家的发展模式具有普适性，可以为其他国家提供一个现成的发展范式，如同制作糕点的模型，全部糕点都是从一个模子里制作出来的。无论在何种意义上，模式论都不太适用于中国特色社会主义道路。

从历史唯物主义角度看，各国有不同的发展道路，没有放之四海而皆准的发展模式，更没有唯一的模式。西方发展道路是由西方国家自己的历史和文化决定的，而不是为世界提供模式，也不可能为世界提供模式。中国推行改革开放，表明中国共产党愿意学习世界各国尤其是西方发达资本主义国家的经验，但是中国不会照搬西方发展的模式。习近平总书记说过，"我们愿意借鉴人类一切文明成果，但不会照抄照搬任何国家的发展模式"，"不能企图用一种模式来改造整个世界"。

历史唯物主义是社会形态发展论，而不是社会发展模式论。中国特色社会主义道路，不是从天上掉下来的，而是中国人民在中国共产党领导下走出来的。从整个中国历史来说，中国特色社会主义是在对中华民族几千年文明和文化的传承中得出来的；从近代史说，它是从1840年以来中国人民为民族复兴而奋斗、而牺牲、不断遭受挫折的苦难经验和教训中总结出来的。道路是纵向的，它与自己国家过去的历史特点和文化特点不可分割。没有中国历史的发展，没有中国文化的积累，就没有中国特有的发展道路。

道路的特点是实践，而不是仿效制作，照葫芦画瓢。中国道路就是中国人的实践，不实践就不是道路，也没有道路。当然，在中国特色社会主义建设中，我们可以有规划、有顶层设计、有"两个一百年"要达到的目标、有中华民族伟大复兴的目标，但目标不等于道路。目标只是道路的重要部分，是道路的指向和要达到的站点。至于如何到达这个站点，怎么走，就是道路问题。可以大胆地说，按照历史辩证法，我们不可能详细地绘制一个不需要修改、不需要完善、不需要调整的中国道路规划图，而是应该根据实际情况不断调整。这就是顶层设计与摸着石头过河的结合。因此，中国道路不是固定模式，它包括弯路、曲折，甚至会碰到岔路。中国特色社会主义道路不是定型的，而是未完成的，现在仍在继续走。一句话，中国道路是实践过程，它为人类对更好的社会制度的探索提供的是中国方案，而不是一个现成的模式。

改革开放几十年来，在中国道路上我们取得了伟大的成就，也遇到不少问题。其中有一些是有违改革初衷、未曾料到的新问题，我们正在采取措施逐步解决。社会主义建设是有规律可循的，我们会有盲区，会有没有掌握的新的规律。我们还要不断摸索、不断总结。改革初始，邓小平提出以经济建设为中心，重点放在解放生产力、发展生产力上，为此提出发展是硬道理的著名论断。在改革实践过程中，中国共产党人继续推进发展是硬道理的原则，提出了科学发展观，并以此为理论基础发展到现在的创新、协调、绿色、开放、共享的新发展理念；从开始的一部分人先富起来，发展到现在强调共同富裕，强调依法治国，强调公平、正义，这都是从 30 多年一步一步改革经验积累中走过来的。30 多年来的经验证明，中国特色社会主义道路是在实践中不断完善的。这个过程并没有结束，中国道路有明确的方向图，通过深入探讨什么是社会主义，怎样建设社会主义，建设什么样的党，怎样建设党，实现什么样的发展，怎样发展这些有关道路的根本性理论问题，提高了我们的理论自觉性，为制定各项方针政策，推进各项工作提供了科学指导。

中国方案的提出，有重要理论和实践意义。中国方案，就存在于中国道路之中。没有中国道路就不会有中国方案。提不出中国方案，中国道路就会变成一句空话。或许有人说，只有中国模式才有世界意义，而中国道路没有世界意义。这不符合历史唯物主义观点。模式提供的是模具。我们反对西方推行的普世价值观，就是反对他们对自由、民主、人权的解释的话语霸权，反对它们把西方的资本主义民主制度模式化。其实，各个国家需要的是符合自己国情和文化特点的自由、民主和人权制度。当然，我们可以学习它们的优点，吸收西方的积极成果，但我们有自己的发展道路和方案，而不是成为从西方模具中复制出来的仿制品。

中国道路，既是具有中国特色的中国之路，又是具有世界意义的中国之路。讲它是中国特色之路，是因为它具有中国的历史特点、民族特点、文化特点；讲它又是具有世界意义的中国之路，是因为它向人类提供了不同于西方发展道路的中国方案。这个方案向世界表明，一个近百年来受列强压迫和侵略的民族，一个曾经落后于西方发达国家的民族，完全可以依靠自己的力量，建立与自己民族特点相符合的制度和发展道路，走上民族伟大复兴之路。

资本主义社会并不是人间天堂，资本主义的经济和政治制度也不是人类社会发展的唯一之路，资本主义的价值观念并非是人人必须奉为圭臬的绝对价值。在当代，各国的发展，完全可以有不同的方案。这正是西方某些资本主义国家拼命遏制中国和平发展的原因。因为，中国的崛起意味着中国方案的成功；而中国方案的成功，意味着在当代可以有另一条通向自己国家和民族的复兴之路，而不必接受西方兜售的资本主义制度优越论和永世论的灵丹妙药。中国方案是马克思主义和中国文化精华的结合，它的影响力和说服力，是中国对世界的贡献。正因如此，西方一些国家千方百计对中国道路进行抹黑，并将之视为对"自由世界"道路的背离。

二、中国道路之争

方向决定道路，道路决定命运。在中国，不同道路之争，其深层体现为不同文化之争。中国应该走什么样的道路，这一争论由来已久，并非现在才出现，早在 20 世纪二三十年代中国共产党成立以后就存在。这一争论具体表现为三个方向，即中国共产党主张的在中国进行革命的道路、文化保守主义主张的中国文化本位主义、一些人倡导的全盘西化的资本主义道路。1949 年中国革命的胜利，从实践上对这个问题做了总结，而毛泽东的《论人民民主专政》一文，对这个问题从理论上做了概括。本来，在中国革命胜利之后的前 30 年，这个争论已经沉寂。但随着改革开放后中国总结"文化大革命"经验教训，随着重新正确理解中国传统文化，随着经济全球化后西方新自由主义思潮的涌入，关于中国道路的争论再度兴起。但现在各自的立论与表现，与中国革命胜利之前的 20 世纪二三十年代的文化保守主义和全盘西化论相比，具有新的时代特点和理论支撑。这个理论支撑的文化特点可以概括为三个"化"：中国特色社会主义道路的核心是"马克思主义中国化"；回归传统，回归儒学，重塑中国社会主义和中国共产党的核心是"儒化"；回归人类，回归世界的核心是"西化"。如果不站在历史唯物主义高度把握这三"化"的本质，就会在中国特色道路问题上缺乏文化自信。

有人提出要中国走世界人类文明发展的共同道路，走世界文明之路。在他们看来，以希伯来犹太教和古希腊哲学为源头的西方文化，是最优秀的文化；西方的道路是世界的普遍道路。中国特色社会主义道路是脱离世界文明，是沿袭自秦始皇以来中国封建社会的专制主义之路，是自外于世界潮流的道路。无论在国际国内，这种说法都时有所闻。这种说法完全暴露了西方普世价值论的政治底牌。资本主义道路怎么就是世界文明之路，就是人类世界共同道路呢？以历史唯物主义观点看，西方文化只是文化中的一种，资本主义道路只是人类社会发展过程的一个重要阶段。资本主义的确为人类做出了比以往任何时代都巨大的贡献，但又同时为自己挖掘了坟墓。资本主义社会是文明与野蛮、光明与黑暗并存的社会。马克思和恩格斯在《共产党宣言》中以热情洋溢的赞美笔调肯定了资本主义的成就，但同时又毫不留情地审判了它的死刑，敲响了资本主义丧钟，指出资本主义社会的过渡性。资本主义社会的出现和发展包括在人类社会发展规律之中，但绝不代表人类的美好理想，也不是人类社会发展的普遍规律。

什么是人类的共同道路，什么是人类社会发展的普遍规律？从历史远景来说，不是少数人富裕的资本主义，而是公平、正义、共富、和谐的社会主义和共产主义。相对于人类存在数千年的阶级社会和剥削社会来说，消灭阶级、消灭剥削，建设一个公平、正义、共富、和谐的社会，才是人类的共同道路。用中国哲学的话说，这条道路叫天下为公、世界大同之路；用历史唯物主义关于社会形态发展理论来说，这条道路是人类解放之路，是共产主义道路。世界通向这个共同道路的方式和方法可以各不相同，并且肯定会有先后、有迟早，但对人类社会而言，剥削制度不会是永恒的、亘古不变的。私有制度是在一定条件下产生的，也会在一定条件下终结，作为私有制的最高发展阶段的资本主义制度形式也是如此。消灭剥削、消灭两极分化、消灭私有制，走向公平共富的社会，这才是人类发展的普遍规律。《共产党宣言》的不朽价值，就是向全人类揭示了这个普遍规律，并号召"全世界无产者联合起来"，为此而奋斗。

我们反对西方包藏政治图谋的普世价值论，这并不违背世界发展潮流，不是与世界发展相脱离，因为我们不是反对自由、民主、平等、人权、法治这些人类认可的共同价值，相反我们在努力建设社会主义的自由、民主和人权制度。我们反对的是西方某些国家或学者怀着文化自大狂的优越心态，把西方价值观念和制度模式化，并视之为放之四海而皆准的普世模式。普世价值论的本质就是西方制度模式化，是以普世价值为软实力的西方资本主义制度的优越性和不可超越性的话语霸权。

国内外都有学者批评中国特色社会主义道路脱离世界发展道路、脱离人类发展道路，要中国回归人类发展道路，讲的就是回归普世价值的道路。他们说，这是中国从"专制""独裁"的社会主义，回归"自由""民主"的资本主义。实际上，就是要中国割断自己的历史传统，摒弃中国文化特点和社会主义道路，期待中国重蹈"红旗落地"的覆辙。

在道路问题上还有另一种主张，这就是回归儒家、回归传统。这一观点中最激烈的说法是儒化中国共产党、儒化社会主义。表面上，它与回归世界、回归人类的新自由主义道路是双峰对峙，其结果实际上是殊途同归。中国特色社会主义是我们生活其中的现实的社会，共产主义社会是我们的理想。人在站立的时候，总是双脚立地、背面对后、两眼朝前。社会发展也是一样。社会永远是立足现实、背靠传统、关注未来。而不能是相反的，脱离现实、脸向过去、背对未来。社会发展是往前走的，人的追求不能与社会发展的方向相背而行，而只能相向而行。

在笔者看来，背靠传统，就是继承传统、弘扬传统、创新传统，而不是回归传统。正如儒学一样，需要继承、发扬而不是回归。历史是曾经的存在，现实是当代的存在。传统是历史与现实之间连续性的文化串线。历史对现实有深刻的影响，即它的文化基因具有某种遗传性。儒学传统要继承，也要与时俱进，而不是回归。习近平总书记明确指出："历史总是要向前进的，历史从来不等待一切犹豫者、观望者、懈怠者、软弱者。只有与历史同步伐、与时代共命运的人，才能赢得光明的未来。"

"治世不一道，便国不法古。"社会主义有自己的发展规律。中国当代的现实，是社会主义社会的现实。社会主义有自己不同于封建社会的经济基础和上层建筑，有不同于以往任何社会制度的新的指导思想、新的政治制度。我们是生活在 21 世纪的当代人，是生活在建设中国特色社会主义的当代人。站在当代，我们应该重视中国传统文化，吸取中国传统文化的优秀思想，但不可能在社会制度的建设和思想指导观念上，回归传统、回归儒学。以儒化作为中国道路和方向的指导，只会断送中国的社会主义。

中国特色社会主义道路是一条光辉的道路，也是一条充满困难的道路。我们党清楚地知道，老百姓对现实问题有议论、有不满意。当代的问题是现实问题，而不是古代人的问题。现实问题必须坚持以马克思主义为指导，以问题为导向，采取历史唯物主义方法进行分析，寻找它的现实原因，提供有效的解决方法。传统文化包括其中占主导地位的儒家学说，可以为我们解决问题提供思想资源、提供启发智慧，但传统文化不可能为它们从来不曾经历的两千年后的问题提供预案和答案。对中国道路上存在和出现的问题，儒化不是出路，西化更不是出路，出路在于继续深刻研究和把握社会主义发展规律和中国共产党的执政规律，坚持社会主义方向，坚持从严治党。社会主义的基本规律不可违背，执政党的规律不可违背，治党必须从严。如果管党不力、治党不严，人民群众反映强烈的党内突出问题得不到解决，那么我们迟早会失去执政资格，不可避免地被历史淘汰。不懂历史辩证法，不懂得失成败在一定条件下可以转化，是非常危险的。殷鉴不远，岂能忘之。《易经》中说，"君子终日乾乾，夕惕若，厉无咎"，应该成为我们的座右铭。我们一定要以不忘初心之志，以兢兢业业、如履薄冰之心，走符合社会主义规律的中国道路。

三、中国道路的文化自信

习近平总书记说："当代中国的伟大社会变革，不是简单延续我国历史文化的母版，不是简单套用马克思主义经典作家设想的模板，不是其他国家社会主义实践的再版，也不是国外现代化发展的翻版。"这是习近平总书记在新的历史条件下，对毛泽东《论人民民主专政》一文总结中国革命历史经验的进一步发展，说明了中国特色社会主义道路的创造性。

中国道路不是重复母版、模板、再版、翻版。这四个"不是"，就包括三个"化"字。不是简单套用马克思主义经典作家设想的模板，不是其他国家社会主义实践的再版，就是强调马克思主义中国化，要与中国实际和文化相结合；不是简单延续我国历史文化的母版，就是强调中国社会制度和道路不能儒化，以儒学为主导的传统文化要创造性转化和创新性发展；不是国外现代化发展的翻版，就是强调中国的现代化是社会主义现代化，而不是西化。

马克思主义中国化，这是最根本的化。没有这个化，一切都无从谈起。中国革命和社会主义建设，尤其是中国的改革开放，中国特色社会主义道路，不是简单套用马克思主义经典作家设想的模板，不是苏联社会主义实践的再版，因为我们是从中国实际出发，以马克思主义作为指导思想寻求适合中国发展的道路。中国民主革命走的是一条农村武装割据，由农村包围城市的道路，而不是马克思和恩格斯设想的巷战，也不是苏联走过的城市武装起义；社会主义革命和社会主义建设，我们也是从以俄为师到走自己的路。社会主义革命我们实行的是和平赎买，分清民族资产阶级和官僚买办资产阶级，而不是一锅端；社会主义建设，我们是强调正确处理十大关系；强调正确处理两类不同性质的矛盾；改革开放，我们强调坚持社会主义方向，强调一个中心两个基本点，强调坚持四项基本原则，等等。很显然，这些都不是简单套用马克思主义经典作家设想的模板，更不是苏联社会主义实践和改革的再版。不用多解释，中国革命、建设、改革，走的是马克思主义中国化的道路。如果没有从实际出发，没有坚持实事求是的马克思主义基本原则，中国革命、建设和改革不可能取得成功。当然，马克思主义中国化并没有结束，正如习近平总书记所说："坚持不忘初心、继续前进，就要坚持马克思主义的指导地位，坚持把马克思主义基本原理同当代中国实际和时代特点紧密结合起来，推进理论创新、实践创新，不断把马克思主义中国化推向前进。"

不是简单延续我国历史文化的母版，就是中国传统文化的创造性转化和创新性发展问题。中国革命不可能延续我国历史文化的母版，因为中国历史上从来没有出现过社会主义革命，何来母版。中国共产党领导的革命是推翻旧的社会制度的革命，是社会形态的变化，不是中国历史上的王朝更迭、改朝换代。正因为这样，中国共产党的成立才是中国开天辟地的大事变，中国革命和社会主义建设才是在中国历史上没有母版可遵循的伟大创造。无论是《礼记·礼运篇》中的"大道之行也，天下为公"的"大同"和"小康"理想，或是太平天国《天朝田亩制度》中废除封建土地私有制、均贫富的思想，虽然都包含丰富的思想资源，但都不可能成为中国革命和社会主义建设的母版。它们是原始的空想社会主义，或农业社会主义。我们坚持的是科学社会主义，中国特色社会主义本质上就是马克思主义的科学社会主义，而不是别的什么主义。

儒家学说是封建社会王朝的母版，而且是王朝守成的母版，而不是开拓创新的母版。这是历代王朝倡导以儒治国的原因，怎么可能成为中国特色社会主义道路的母版呢！当然，不是母版，丝毫无损于中国传统文化的博大精深，不影响以儒学为主导的中国传统文化对我们的思维方法、道德修养、人文教化、治国理政的巨大思想价值。应该反对儒学政治化，儒学宗教化，在社会主义时代应该重视儒学的文化本质。但从道路和旗帜的角度说，从重建理想和信仰的角度说，我们绝不能走以儒化国、以儒化党的道路。我们要治理的是社会主义国家，我们要重建的理想、信仰、价值是社会主义和共产主义的理想、信仰、价值。中国共产党之所以叫中国共产党，就是因为她从成立之日起就把共产主义确立为远大理想。

任何一个关注现实的人都能看懂，中国共产党内的腐败分子、党内蛀虫，并不是因为失去对儒学的信仰，而是丧失对社会主义和共产主义信仰。我们社会出现的一些道德失范和价值观念混乱，也不是因为失去对儒家的信仰，而是伴随当代中国社会深刻变化而出现的副产品，或者说是社会代价。

我赞同我们应该学习中国传统文化的经典，包括文学经典如唐诗宋词，总之，中国传统文化中宝贵的东西我们都应该珍重。但我们也应该明白，社会矛盾永远是现实的，我们直面的问题永远是当前的。现代人的信仰和价值永远应该是与时代相适应的。

任何国家在走出传统社会后都要实现现代化，中国也一样。但中国的现代化是社会主义现代化，而不是西方现代化的翻版。现代化，是使用最多的一个概念。可是何谓现代化，实现什么样的现代化，这取决于时代背景，取决于各国历史的、文化的特点，特别是取决于社会制度的本质。

中国从社会主义制度确立开始，就把逐步实现社会主义工业、农业、国防和科学技术现代化作为我们的奋斗目标。经过 60 多年的建设，我们在不断深化现代化的内涵，包括推进国家治理体系和治理能力的现代化，发展社会主义市场经济，发展社会主义协商民主制度，建设中国特色社会主义法治体系，等等。但无论中国现代化的内涵怎样深化，有一点是不会变的，我们搞的是社会主义现代化，而不是资本主义现代化。如果我们摒弃中国特色社会主义基本经济制度和政治制度，偏离中国道路，在现代化问题上不加分析地接受西方话语抽象鼓吹的国家现代化，改变中国所谓"一党专政"，放弃中国共产党领导；鼓吹思想市场化，放弃马克思主义的指导地位，借助思想多元来反对指导思想的一元化；鼓吹军队国家化，反对党对军队的领导，如此等等，这实际上是在现代化的名义下偷梁换柱，把社会主义现代化变成西化翻版。

　　毫无疑问，资本主义现代化是人类社会摆脱传统社会后的巨大历史进步，但西方现代化是通过向海外殖民实现的，是同侵略、掠夺、剥削、扩张密不可分的。日本也是脱亚入欧，通过实行现代化，走向军国主义，疯狂向外扩张和侵略。我们只看到西方发达资本主义国家变得富强、文明，却忘记了资本主义现代化给世界、给大多数被殖民国家带来的巨大灾难。马克思曾经说过："当我们把自己的目光从资产阶级文明的故乡转向殖民地的时候，资产阶级文明极端伪善和它的野蛮本性就赤裸裸地呈现在我们面前，它在故乡还装出一副体面的样子，而在殖民地就丝毫不加掩饰了。"

资本主义现代化的本质是资本本性的扩张。海外殖民就是资本扩张，但它号称输出文明。实际上像马克思当年说的，被殖民的国家"失掉了他们的旧世界而没有获得一个新世界，这就使他们所遭受的灾难具有一种特殊的悲惨色彩"。如果说，当年西方资本主义在输出文明的口号下，给世界带来的是灾难，当代在强行输出普世价值的口号下，带来的同样是灾难。只要看看中东，看看非洲某些被"民主化"的国家，看看他们战火纷飞、家园破碎、难民如潮的处境，自然就能明白这一点。

社会主义现代化与西方资本主义现代化会有某些共同点，有可借鉴的东西，但绝不是西方现代化的翻版。时代不同、社会制度不同、文化底蕴和传统不同，现代化的道路也不同。中国的文化是和平的文化，而不是扩张的文化。中国是在取得民族独立、建立社会主义制度之后，逐步推进现代化的。我们是在被资本主义世界封锁的情况下，完全依靠独立自主、自力更生，依靠党的领导和人民的力量实行现代化。在经济全球化的背景下，我们是通过深化改革开放，在世界交往中继续推进社会主义现代化。我们的现代化，没有殖民、没有掠夺，而是互利共赢；没有血与火，没有战争，而是构建人类命运共同体。中国实现社会主义现代化，是增强世界和平、防止战争的力量，是促进世界和平发展的力量。这是与西方现代化进程伴随殖民、战争和掠夺迥然不同的两种类型的现代化。中国实现现代化，是对世界、对人类和平的重大贡献。

社会主义现代化不是西方现代化的翻版，但我们重视对西方现代化的研究。它的成绩、现代化中存在的问题，都能为我们提供经验和教训。我们是后发国家，我们有条件避免也应该避免西方在现代化过程中出现的种种问题。我们也不会忘记它们对中国现代化的影响和某种推动。但笔者不赞同中国现代化的动力是外生的，与中国历史自身发展的内在要求无关。外因是条件，内因才是根据。中国是一个有几千年文化传统的民族，是一个蕴藏并积蓄了几千年文明内在力量的民族，是一个在近代饱受侵略和掠夺，积蓄着追求民族复兴、追求民富国强强大力量的民族。现代化是中国革命命题中的应有之义。把中国现代化，视为简单的外力——反应模式，而不是中国内在力量的要求，是一种错误的历史观。这种历史观导致的结论，就是中国现代化应该拜西方侵略之赐，像有些人无耻宣称的，如果中国能被西方殖民三百年，就可以从洋人手里接受一个现成的现代化中国。这种观点何等荒谬！

中国特色社会主义道路是实现现代化的必经之路，是创造人民美好生活的必由之路。我们对道路的自信，源自对文化的自信。中国不仅有五千多年文明发展孕育的中华优秀传统文化，还有中国共产党和中国人民在伟大斗争中孕育的革命文化和社会主义先进文化。文化不仅是知识、智慧的积累，更是一个民族最深层的精神追求。中国近百年历经劫难而九死无悔，"拼将十万头颅血，须把乾坤力挽回"，其中闪烁的就是"我以我血荐轩辕"的中华民族文化精神。

/ 03
坚持马克思主义意识形态的指导地位

在社会生活中，意识形态具有最广泛的影响力和行动支配力。坚持马克思主义在意识形态中的指导地位，并不限于纯意识形态领域，而是包括经济、政治、文化诸多方面的指导作用。之所以强调马克思主义意识形态的指导作用，是因为只有坚持意识形态领域中的指导，才有可能通过意识形态辐射到其他领域，真正确立其在社会主义社会的指导地位。马克思主义在意识形态领域的边缘化和失语，往往是政治领域、文化领域和经济领域危机的先兆。

一、不坚持马克思主义的指导地位就没有社会主义社会

从政治上说，坚持马克思主义指导地位，是关系到坚持中国共产

党的先进性，从而也是关系到社会主义前途和命运的问题。毛泽东说："领导我们事业的核心力量是中国共产党，指导我们思想的理论基础是马克思列宁主义。"①毛泽东是把党与党的指导思想紧密结合在一起的。可以说是"一荣俱荣、一损俱损"。任何政党从本质上说都有两个基础：一是阶级基础，即它代表哪个阶级或集团的利益；另一个是指导思想，即贯穿它全部政治活动的宗旨、目标一以贯之的理论指导原则。西方资产阶级政党都掩盖它的阶级性，自称代表全体社会成员的利益、全民利益；它们也否认有任何指导思想，只有具体的政治主张和政治诉求。其实，任何资产阶级性质的政党，无论是两党制还是多党制，它们的指导思想都是以各种最有效的方式维护资本主义制度，坚持资本主义核心价值观念。它们的这一指导思想以各种方式贯彻在轮流上台执政的具体的方针政策中，往往是隐性的。政党可以轮替，但坚决维护资本主义制度的思想原则不会轮替。

对中国共产党来说，情况完全不同。指导思想问题是关系党的性质的根本问题，是旗帜问题，是道路问题，必须毫不隐晦。《共产党宣言》开宗明义就宣布这一点。列宁当年在《我们的纲领》这篇为创立俄国共产党进行思想理论准备的文章中就明确宣称："我们完全以马

---

① 《建国以来毛泽东文稿》第4册，第554页，北京，中央文献出版社，1990。

克思的理论为依据，因为它第一次把社会主义从空想变成科学，给这个科学奠定了巩固的基础，指出了继续发展和详细研究这个科学所应遵循的道路。"①

列宁缔造的伟大的苏联共产党后来发生蜕变，最终丧失政权，并宣布解散，也使社会主义陷于失败。导致这一结果的原因虽然很多，但其中一个具有决定作用的因素就是放弃马克思主义指导地位，由抽象人道主义泛滥发展到公开打出所谓民主的人道的社会主义的旗帜，然后公开宣布以新自由主义为指导进行所谓"改革"。对于共产党来说，放弃马克思主义指导必然改变党的性质；对于处于执政地位的共产党来说，放弃马克思主义指导，必然会在失去理论领导权的同时，丧失政权。这是社会主义运动的一个沉痛教训。

中国共产党公开宣布自己的阶级基础是代表工人阶级和全体中国人民的利益，而且明确宣布坚持马克思主义的指导地位。这是中国共产党的先进性、劳动人民当家作主的地位永不丧失的保证，也是社会主义制度在中国得到巩固、发展和不断自我完善的根本保证。马克思主义不仅必须处于指导地位，而且能够处于指导地位。马克思主义之所以必须处于指导地位，并不仅仅因为中国共产党是执政党，以致它

---

① 《列宁专题文集·论马克思主义》，第94页，北京，人民出版社，2009。

　　　　　　　　　　　文化自信中的传统与当代·下篇　|

的思想理论"必须"处于指导地位。马克思主义处于指导地位不仅"必须"，而且"能够"，因为马克思主义是科学的世界观和方法论。它自身的科学性和实践性决定它"能够"处于指导地位，"能够"指导实现中国共产党人承担的伟大民族复兴的历史使命，并逐步实现人的全面发展和人类解放的伟大社会理想。历史和现实证明，在当今世界就其科学性和实践性而言，没有任何思想理论能与马克思主义处于同一高度。这是近百年来中国历史证明了的真理，也是从当代世界各种理论学说发展状况中得出的结论。

马克思主义是一个完备严整的科学体系。它的哲学世界观为我们科学地理解世界的客观本性，理解人与世界的关系，理解自在自然与人化自然的辩证关系，提供具有普遍规律性的论断。特别是辩证唯物主义的历史观，通过对人类历史发展规律和人在历史发展中的地位和作用的揭示，使我们能从理论和实践相结合上深刻理解和把握人类社会发展规律、社会主义发展规律和共产党执政党规律。对这三大规律的认识和运用，为中国共产党不致重蹈苏联的覆辙，跳出"历史的周期率"提供理论保证。

马克思主义的经济学说不仅为我们观察当代世界资本主义经济发展，包括金融危机和资本主义社会的基本矛盾，而且为中国特色社会主义经济建设，包括正确处理生产、分配、交换、消费各个环节的关系，处理市场与计划的关系以及关于如何保持经济平衡、协调可持续的关系，提供了科学的经济理论。马克思主义的社会主义学说，对我们坚定建设中国特色社会主义的理想和信仰，以及对当代世界发展趋势的观察，具有指导意义。马克思主义是一个整体，马克思主义以其整体性和科学性，在人类实践和现实生活中以各种方式发挥作用。从意识形态来说，无论是坚持社会主义先进文化还是坚持社会主义核心价值观念，都必须坚持马克思主义指导。

在当今世界，无论是对一个国家社会自身的发展还是国际交往，文化都越来越显示出重要作用。可是，文化作为一种软实力，究竟是起着推动社会进步和促进国际间正常文化交流和友好往来的软实力，还是单纯起着维护统治者的利益和国际霸权的软实力，这是大相径庭的。在这种区别中起着关键作用的是贯穿其中的指导思想。文化软实力作为综合国力的组成部分，它的性质和作用取决于文化的根本属性和内涵。软实力只能说明文化的作用，而文化的社会属性和内涵才能说明这种软实力的先进性。我们重视社会主义文化，正因为它是一种体现社会主义制度本质和以马克思主义为指导的先进文化。改革开放以来，党中央一直关注社会主义先进文化建设问题，有过多次决议并采取加强社会主义先进文化建设的实际措施。在庆祝中国共产党成立90周年大会上的讲话中，胡锦涛同志再次强调，我们要继续大力推进社会主义文化繁荣,坚定不移地发展社会主义先进文化。①

从世界范围看,文化是多元的;从国内来看,文化有多样性。既然社会主义文化是先进文化,就有一个重大理论问题,即文化的先进性是否存在判断标准?我们认为有。文化问题上相对主义和绝对主义都是片面的。我们说中国特色社会主义文化是先进文化,它不仅体现社会主义制度的先进本质,而且表现为它是以马克思主义科学世界观为指导的文化。在当代中国,坚持先进文化,发展有中国特色的社会主义文化,加强社会主义精神文明建设,必须以马克思主义为指导。只有坚持马克思主义在文化建设中的指导地位,才能真正以科学态度继承中国文化的优秀传统和吸收外国文化的积极成果,才能引领国内多姿多态多样的文化思潮,使其有利于社会主义主流文化的发展。尤其是我们正处在社会转型期,由于国际国内大环境和小环境的变化,各种思潮极其活跃。如果不坚持以马克思主义指导文化建设,就不可能真正有效地建设社会主义先进文化。

在社会主义先进文化建设中,既要发展文化产业也要发展文化事业。这两种文化实体有区别但也有共同性。文化产业的经济效益,往往要依赖先进的科学技术的承载。西方发达国家之所以能在世界上宣

---

① 参见《庆祝中国共产党成立 90 周年大会在京隆重举行》,载《人民日报》2011 年 7 月 2 日。

传它们的价值观念，在很大程度上是借助它们的先进科学技术。这样，它们在取得最大经济效益的同时，又在意识形态领域占有某种强势地位。西方文化产业，不单纯是牟利的文化企业，同时又是意识形态的阵地。对我们来说，无论是文化产业还是文化事业，虽然它们在产权和管理方面存在区别，但它们都是社会主义制度下的两种文化单位，因此文化企业的经营者和文化事业的领导者，都应该以不同方式树立以马克思主义为指导的思想观念。在文化产业中，我们在谋求经济效益的同时，必须充分意识到文化产品的价值内容。即使在国际上，我们同样应该使我们的文化产品承载中国文化的特有价值观念；不能像西方政治家嘲讽的那样，中国只能出口电视机而不能出口电视剧。如果社会主义的文化产业不管社会效益，只管经济效益，以媚俗、低俗，并成为资本主义价值观念的"宣传员"甚至伤害国格人格以卖丑为看点迎合西方的需要，这肯定背离了以马克思主义为指导的文化建设方针。这种文化产业不能称为文化产业，更不能称为社会主义文化产业。当然，我们强调文化产业以马克思主义为指导，指的是指导经营方针和经营者的价值理念，而不是说文化产品都是硬邦邦的马克思主义意识形态的话语。如何使文化产品喜闻乐见和具有吸引力，同时又坚持我们自己的价值观念，传播社会主义先进文化理念，这是衡量文化产业经营者的马克思主义理论水平的尺度。

因为只有坚持马克思主义在社会主义核心价值中的指导地位，才能体现这种价值观念的社会主义本质，充分发挥社会主义核心价值引领社会思潮的导向作用。社会主义核心价值观念吸取了中国传统文化的优秀成果，吸取了世界文明的积极成果。但如果离开了马克思主义指导，就无法区分社会主义核心规范与非社会主义价值规范的差异性，而只看到同一性。例如，爱国主义不仅中国有，外国也有；不仅古代有，近代也有。但爱国主义之所以属于社会主义核心价值，就是因为它以马克思主义为指导，这种爱国主义不是狭隘民族主义也不是民粹主义，而是与热爱社会主义不可分的。再如荣辱、自由、民主、平等和谐等规范，作为社会主义核心价值体系的规范，肯定具有社会主义性质。尽管自由、平等是普遍使用的概念，但社会主义自由观显然不同于资本主义自由观，社会主义平等观不同于资本主义的平等观。如果社会主义核心价值观念体系中除掉马克思主义指导而只保留一些抽象规范，社会主义核心价值就失去它的质的规定性和导向性。

　　有些人之所以把资本主义核心价值作为普世价值，就是因为脱离价值观念体系的指导思想和实在内涵，把它变为没有具体内容的抽象规范。的确，在社会主义核心价值体系中，我们会发现一些人类共用的概念，但并不因此改变它的社会主义核心价值的本质。其实，公平、正义、自由、平等、和谐、爱国、荣耻，都不是一个超越时代和社会制度的共有的抽象概念，而是具体概念。在社会主义核心价值观中，每个概念都包含着以马克思主义为指导、以社会主义制度为实质和内容的、尚未展开的判断。它的社会主义内容正是凝结在每个概念尚未展现的特有的判断之中。因此，我们只有坚持马克思主义在社会主义核心价值中的指导地位，才不会落入西方普世价值的理论圈套。

二、坚持创造性的马克思主义指导作用

马克思主义自产生之后，一直是争论不休、最受攻击的学说。受到各种政治倾向、各种学派拥护的最公正最无意识形态性的所谓"马克思主义"，肯定是机会主义或修正主义的别名。坚持马克思主义指导地位，一定要区分"龙种"与"跳蚤"，一定要反对那种宣称马克思以后的马克思主义与马克思思想对立的理论。

恩格斯在1890年8月27日致保·拉法格的信中说，马克思不承认自己是"马克思主义者"还说马克思引用海涅的话，说自己播下的是龙种而收获的却是跳蚤。① 这显然是马克思对19世纪70年代法国一些自称为马克思主义者的人的不满，也是恩格斯对当时德国一些党

---

① 参见《马克思恩格斯选集》第4卷，第695页，北京，人民出版社，1995。

内自命为马克思主义者的大学生的不满。马克思不承认自己是马克思主义者，这是对跳蚤们不满，羞与为伍。可见，在马克思和恩格斯的时代，所谓"马克思主义者"就有龙种与跳蚤之分，并非始于当今。按照恩格斯的说法，所谓"跳蚤"，就是被歪曲得面目全非的马克思主义。

当代西方有些学者把马克思主义与马克思（当然也包括恩格斯）对立分割开来，鼓吹马克思以后的马克思主义是与马克思对立的另一种学说，他们不区分龙种与跳蚤，根本不承认马克思之后存在一个以马克思思想为依据的马克思主义学派。当代中国马克思主义也被归为"打左灯、朝右走"的所谓马克思主义。这种说法，如果不是理论的无知，就是别有用心。要是这个论断能成立，那马克思以后就没有马克思主义。这种说法表面上是推崇马克思，实际上是使马克思后继无人，使马克思主义根本不成其为当今世界最具影响力的思潮和学派，是否定马克思思想的当代价值。

不错，在当代几乎所有标榜自己钻研马克思主义的学者都自称为马克思主义者。但是他们的观点时有不同，甚至相互对立。有的学者根本不承认马克思主义，认为究竟什么是马克思主义，取决于人们对马克思不同发展阶段写出的书籍、小册子、论文和书信做出的解读。按照这种说法，根本不存在马克思主义，只存在对马克思的不同解读。我们承认，当前存在对什么是马克思主义的不同理解，但这不能成为否定存在真正马克思主义的理论根据。

马克思主义作为一种科学体系，它的内容并不取决于人们的主观解释，而是取决于它的客观内容和科学本性。弄清什么是马克思主义，对于正确理解和完整掌握马克思主义基本观点而言是至关重要的。毫无疑问，马克思的著作和文章是在不同时期写作的，它们会显现马克思思想发展过程的差异性。因此，衡量是否是马克思主义的方法论原则，不是对某个文本或文本的某句话的不同解读，而是对贯穿全部马克思著作（当然包括恩格斯的著作）的那些反复论述、不断出现的具有规律性的论断的解读，而且从他们对历史和现实问题的实际运用中得到证明。这是马克思恩格斯著作中稳定的一贯的成熟的思想，它们构成马克思主义科学体系的硬核。例如，辩证唯物主义和历史唯物主义的世界观、对资本主义社会形态和基本矛盾的经济学分析、追求无产阶级和人类解放的社会主义和共产主义理想。如果一个学者或学派自称为马克思主义，又反对辩证唯物主义和历史唯物主义世界观，为资本主义制度的永恒性辩护，否定社会主义能够以不同方式取代资本主义的必然性和必要性，那就不可能是马克思主义。它可以称为任何主义，就是不能称为马克思主义，因为马克思主义从根本上说是一种解决资本主义社会的基本矛盾、为无产阶级和人类寻求解放的学说。

马克思主义是与时俱进的学说，马克思和恩格斯的后继者，在实践中肯定要创造性地发展马克思和恩格斯的思想，因此，不同国家、不同地区、不同时间活动的马克思主义者会显现各自的特色。马克思主义在各国的实践没有唯一的模式，更没有一个标准的模式。但不能由此得出结论说，当代马克思主义理论与马克思基本原理可以截然不同，是两种完全不同的体系。马克思主义理论是普遍的，而实践则是具体的、特殊的。当具有普遍性的理论与实践相结合时，肯定会有特点和新的创造与结论。因此，马克思以后的马克思主义，肯定会与马克思原初思想存在由于时代而产生的差异性。但是发展了的马克思主义仍然是马克思主义。马克思主义与马克思的思想既一脉相承又与时俱进。一脉相承是同，必须坚持马克思主义基本原理，而不是文献中的个别论断，否则它就不能称为马克思主义。同时它必须与时俱进，因而具有时代特点、地区特点、民族特点。异中有同，就是只要自称为马克思主义，就必须具有马克思思想的基本特征，遵循马克思创立的基本原理和为无产阶级与人类寻求解放的主题。同中有异，异是时代特征和民族特征的理论凝结。抽象地说马克思主义与马克思的思想不同，难以判定其正确与否，而一定要弄清它们所谓同异之处何在。

在当代中国，坚持马克思主义就要坚持当代中国马克思主义；坚持当代中国马克思主义，也就是坚持马克思主义。当代中国马克思主义始终包括作为马克思主义缔造者的马克思和恩格斯对马克思主义基本原理的贡献。任何马克思主义理论工作者都能从邓小平理论、"三个代表"重要思想、科学发展观中读到被创造性地运用于中国当代实际的辩证唯物主义和历史唯物主义基本原理，读到被娴熟运用于中国实际的马克思主义经济学说和社会主义学说。如果从当代中国马克思主义中剔除马克思和恩格斯创造的马克思主义基本原理，当代中国马克思主义就不成其为马克思主义。反之，在当代中国，如果马克思主义不与中国实际相结合，不发展为当代中国马克思主义，这种所谓马克思主义就是教条主义，而教条主义会断送中国革命，断送中国社会主义道路。

我们应该正确理解，在当代中国，只有中国马克思主义而不是别的什么主义能作为继续推进改革开放的指导思想。这里所谓别的"什么主义"指的是反马克思主义或非马克思主义的思想（如西方民主社会主义、新自由主义或者新儒学之类）而不是指马克思列宁主义。对中国共产党人来说，马克思列宁主义、毛泽东思想是属于必须坚持的同一个马克思主义体系之内的理论，而不是别的"什么主义"，它就是当代中国马克思主义思想理论的源头。中国共产党之所以再三强调中国特色社会主义理论与马克思列宁主义、毛泽东思想既一脉相承又与时俱进，正在于既强调马克思主义与时俱进的本质，又强调中国特色社会主义理论的马克思主义本质。没有两种马克思主义，只有一种马克思主义。这就是由马克思和恩格斯创立并由后者创造性发展的马克思主义。把坚持马克思主义与坚持当代中国马克思主义割裂开来是极其有害的。

马克思并没有结束真理，而是为真理开辟了道路。沿着马克思的道路前进，我们会接近真理；如果背离马克思，只能走向泥坑。所谓背离马克思当然是指根本观点，而不是个别结论。列宁在批判波格丹诺夫时说过，如果在哲学上同马克思主义基础已经彻底决裂的人，后来又支吾不清，颠倒是非，闪烁其词，硬说他们在哲学上也是马克思主义者，硬说他们和马克思差不多是一致的，只是对马克思学说稍稍做了点补充，那么，这实在令人十分讨厌。

龙种与跳蚤的区分并非搞关门主义。在当代以马克思主义为研究对象的学者并不少见。任何以严肃科学态度对待马克思和马克思主义的学者都应该受到欢迎，即使有不同意见也应该引起重视。例如，特里·伊格尔顿在《马克思为什么是对的》一书中坦言："我对马克思的一些观点是持保留意见的。但是，马克思对他所生活的那个时代中一些重要问题的真知灼见足以使'马克思主义者'成为一个令无数人心向往之的标签。弗洛伊德学说的真正支持者不会迷信弗洛伊德的全部观点，也没有一个阿弗雷德·希区柯克的影迷会认为这个大师的每一个镜头和每句台词都完美无缺。马克思也并非无懈可击，而我只想展示马克思的合理之处。"①作者对西方典型的否定马克思主义的观点进行了反驳。即使伊格尔顿对马克思的某些思想有不同意见，但这种以创造性态度对待马克思主义的学风还是值得赞赏的。

如果根本否定马克思基本原理而又自称为马克思主义者的人应该归为跳蚤之列，那么，在马克思仍然是公认的世界伟大思想家的当今时代，跳蚤的出现是不可避免的。弗兰索瓦·佩鲁也说过："毫无疑问，马克思激起了人数众多的诠释者的灵感，他们中有一小部分人亲自研究了马克思本人的出版物，但绝大多数是依据种种解释、复述和使之通俗化的评论进行诠释工作的。因此，在某种程度上出现了马克思思想的退化现象，这种退化同马克思原来的见解相比，毫无精确性可言——这是具有丰富创造力的学说都无可奈何，必须忍受的一种命运。"②不能阻止马克思主义中有跳蚤出现，也不能因为有跳蚤就断言马克思之后的马克思主义与马克思本人的思想存在断裂。如果坚持马克思之后的马克思主义根本不同于马克思，以跳蚤混同龙种而反对马克思主义，这应该被视为当代反对马克思主义的诡辩"策略"。

---

① ［英］特里·伊格尔顿：《马克思为什么是对的》，第 1 页，北京，新星出版社，2011。
② ［法］弗朗索瓦·佩鲁：《新发展观》，第 68 页，北京，华夏出版社，1987。

三、坚持马克思主义意识形态的重要意义

从当代意识形态领域的理论斗争来看，在马克思主义中最受攻击的是历史唯物主义。可以说它是受攻击的重中之重，被诬为经济决定论、宿命论或机械决定论之类，罪名不可胜数。各种批评声都力图推翻历史唯物主义关于历史规律性的观点。历史唯物主义被推翻了，马克思关于资本主义经济分析也宣告被推翻，随之而倒的就是社会主义学说。马克思主义中最受有产者痛恨的是社会主义学说，可要驳倒社会主义，就必须推翻马克思对资本主义的经济分析，而推翻马克思的《资本论》，就必须首先驳倒历史唯物主义。因此，历史唯物主义从一开始就成为斗争的焦点。这一点，连伯恩施坦都承认。他说过："没有任何人会不同意，马克思主义的基础中的最重要环节，也可以说是贯串整个体系的基本规律，是它的特殊的历史理论，这一理论被命名为唯物主义的历史观。整个体系在原则上是同它共存亡的。在这一理论受到限制时，其余的环节彼此相对的地位也相应地要随之受到影响。因此对马克思主义正确性的任何探讨，都必须以这一理论是否

有效这一问题为出发点。"①不管对伯恩施坦如何评价，他对历史唯物主义在整个马克思主义中的地位的论述还是很有见地的。

在马克思关于历史唯物主义的论述中，最受质疑的是他 1859 年的《〈政治经济学批判〉序言》（以下简称《序言》）。在全部马克思和恩格斯的著作中，它是唯一一处以类似公理的形式相对集中论述了历史唯物主义基本原理的作品。它简短、凝练，都是论断式而非论证式，没有展开，没有实例。正因为这样，它不可避免地有局限。它的全部论断的着力点都是从历史唯物主义角度环环相扣，从生产力最终作用观点出发，论述人类社会发展的动力和社会形态更迭的连续性、阶段性。至于生产关系对生产力、上层建筑对经济基础反方向的作用、社会形态发展可能的多样性，则没有涉及，因而这一手稿经常遭受诟病和质疑。确实，马克思这篇序言并不是对历史唯物主义的全面论述，它是从经济学研究中对长期处于统治地位的历史唯心主义的宣判和决裂，它的确具有恩格斯晚年总结的过于着重经济基础决定作用而对上层建筑的作用存而不论的缺点。但不可否认的是，《序言》的确是对历史唯物主义理论核心观点的总结。没有《序言》提纲挈领式的论述，我们很难把握历史唯物主义的核心观点。

---

① 殷叙彝编：《伯恩施坦读本》，第 220—221 页，北京，中央编译出版社，2008。

毫无疑问，全部马克思主义包括历史唯物主义都应该是创造性的理论，都应该根据时代和实践经验不断丰富和发展。但发展是一回事，篡改、歪曲、修正则是另一回事。我们要反对形形色色的马克思主义的跳蚤们。我们应该看到，随着改革的深入，意识形态领域的斗争显得更为激烈。在理论领域，我国的确存在少数人反对毛泽东和毛泽东思想的非毛化思潮，反对和攻击社会主义的反社会主义思潮。少数人在重新评价毛泽东，不断揭露改革前社会主义的所谓专制和黑暗面，公开宣称只有民主社会主义才能救中国，宣称中国 30 年来的成就来自资本主义的发展，而不是来自社会主义制度的优越性。这些混淆是非的说法很容易迷惑没有理论修养的人。放弃单一的公有制而促进多种经济成分同时发展，能等同于放弃公有制主体地位吗？在共产党领导下的有目的有计划地利用资本主义经济，应该归功于中国共产党的领导和社会主义制度的包容性，还是应该归功于资本主义制度？是体现社会主义制度的优越性，还是体现资本主义制度的优越性？其实，对于一个稍具马克思主义基本常识的人来说，这种区别就很容易分辨。

　　毋庸讳言，我们在意识形态领域面临的形势仍然是严峻的。从国际上说，西方自由主义思潮，尤其是以个人主义为核心，以维护资本主义私有制为最终目的的所谓自由、民主和人权思潮，在全球化背景下，随着各个领域中交往的日趋频繁而具备了多种渠道的传入方式。所谓人权外交、价值观外交，就是西方国家以其强大军事和经济力量为后援的思想渗透和政治压力。从国内来说，由于经济成分的多样化和利益多元化而必然产生思想的多样化、多种利益诉求甚至不同的政治诉求。如果不加引导，就可能发展为对主流意识形态的冲击。尤其是市场经济诱发的拜金主义和极端利己主义思潮，极其有利于西方自由主义思潮的传播和渗透。我们还要注意，由于社会分配不公、贫富两极分化、官员腐败以及食品安全和道德滑坡引发的群众不满情绪，会从另一个方面引起思想混乱，不利于年轻人树立关于改革开放的正确认识，不利于当代中国马克思主义作为指导地位的树立和巩固。

近年来，党中央开展马克思主义理论建设工程，大力提倡和宣传社会主义核心价值观念，重视当代中国马克思主义理论研究，都是为了树立马克思主义在意识形态中的指导地位，防止重蹈苏联的覆辙。苏共执政 70 年，亡党失政；中国共产党建党 90 年，执政 60 多年，依然朝气蓬勃，在中国特色社会主义道路上奋勇前进。我们有自己的经验，也有苏共的教训。中国共产党和中国人民一定能对人类、对世界社会主义运动做出自己应有的贡献。

坚持马克思主义指导地位不会导致学术贫困化、理论一律化。把坚持马克思主义指导地位，说成是"罢黜百家，独尊马术"是完全错误的。马克思主义是开放的思想体系，马克思自己就主张学术自由，主张学术争鸣。他说过，我们既然不能要求玫瑰花与紫罗兰散发出同样的芳香，怎么能要求最丰富的精神世界只能有一种存在形式呢？他还说过，真理像燧石，只有敲打才能发出火花。

中国共产党提倡坚持马克思主义指导地位，但同时强调要在学术领域贯彻"双百"方针。在这个问题上我们曾经有过"左"的错误和干扰，但这不是党的方针。中国共产党在文化科学和艺术领域的方针是"双百"方针。有人说，既然强调坚持马克思主义指导地位，那只能是一花独放，一家独鸣，何来百花齐放、百家争鸣呢？指导思想的一元性问题与学术中的各种风格流派的多样性问题是两个不同层次的问题。一个是用什么样的世界观和方法论作为研究指导的问题，一个是具体的学术观点和流派的问题。我们提倡学术研究要努力学会应用马克思主义的世界观和方法论作为研究的指导，但绝不排斥其他研究方法，也绝不提倡用抽象的马克思主义原则代替具体的学术研究和艺术流派。当然，坚持"双百"方针绝不是否定意识形态领域可能出现的分歧和斗争。既然坚持马克思主义指导地位，那么，对重大的错误思想和思潮当然不能漠然置之，而必须发挥马克思主义的革命的批判的功能。我们不能放弃理论的批判功能，放弃意识形态领域中的马克思主义阵地，但这种批判必须是说理的，有说服力的。越是说理，越能巩固马克思主义意识形态的指导地位。真理的力量在于真理自身。

/ 04

在为祖国和人民立德立言中实现价值

习近平总书记在哲学社会科学工作座谈会上的重要讲话，对全体哲学社会科学工作者寄予殷切期望和郑重嘱托。他提出了两个"不可替代"的重要论断：哲学社会科学具有不可替代的重要地位，哲学社会科学工作者具有不可替代的重要作用。这两个"不可替代"实际上是不可分的。如果没有哲学社会科学重要地位的不可替代，就不存在哲学社会科学工作者重要作用的不可替代；如果没有哲学社会科学工作者同心协力、加快构建中国特色哲学社会科学的主体性，哲学社会科学不可替代的重要地位也无从体现、无从确立。因此，一切有理想、有抱负的哲学社会科学工作者都应立时代之潮头、通古今之变化、发思想之先声，积极为党和人民述学立论、建言献策，在为祖国和人民立德立言中实现自己的价值。

一、哲学社会科学的地位和作用不可替代

在当代世界，科学技术代表的不仅是科技文化，而且是一种现实的物质力量，即生产力发展水平。从一定意义上说，科学技术在生产中的运用所达到的水平，就是一个国家生产力的水平。对于一个国家和民族来说，科学技术是强盛之基，科学技术创新是社会进步的强大动力。历史表明，一个国家的社会发展水平总是与相应的科学技术发展水平密切相关。中国封建社会经济文化发展水平在较长时间里为世界之最，科学技术也有相应的创造和发明，如造纸术、指南针、火药和印刷术"四大发明"。英国学者李约瑟以毕生之力写就的多卷本巨著《中国科学技术史》，对此有过公正精辟的论述和评价。然而，当西方社会进入资本主义时代后，中国仍然处于封建社会；资本主义生产运用新的科学技术，而中国仍然处于比较落后的手工业时代。从明朝中叶开始，中国渐渐落后于西方，其中一个重要方面，就是科学技术的落后。

新中国成立后特别是改革开放以来，我们在一穷二白的基础上制造出原子弹、氢弹、人造地球卫星这"两弹一星"，研发出载人航天

飞船、高铁、"蛟龙号"载人深海潜水器等，实现了"上天游月宫，深海探龙宫"的壮举，我国科技发明和技术创新取得举世瞩目的成就。屠呦呦以青蒿素的发明获得2015年诺贝尔生理学或医学奖，更令国人、令全世界华人为之振奋。当然，我国科学技术仍须努力创新，以新的科学发现和科技发明贡献世界、耀我中华。但对于中国特色社会主义建设来说，只有科学技术的发展还远远不够；科学技术单轨独进不可能持久，因为它缺乏精神动力和文化支撑。

苏联社会主义失败的历史教训表明，单靠发展自然科学与技术不足以保证社会主义的巩固和发展。苏联的自然科学与技术不可谓不发达，尤其在自然科学的基础理论和航天航空及军事科学技术领域，都能与美国一争高下。然而，苏联在哲学社会科学理论创新方面却是失败的。在指导思想上先是教条主义，后来在反对教条主义的过程中逐步背离马克思主义基本原理，最后发展到公开反对和取消马克思主义的指导地位。与此相联系，全部哲学社会科学由于失去正确的指导思想而陷入混乱状态。苏联社会主义失败的原因是多方面的、复杂的，但一个重要原因是在哲学社会科学领域既缺少对现实的批判性思考和建设性成果，又缺乏抵御西方意识形态进攻的能力。如果从哲学社会科学不可替代这个角度总结，可以说，苏联的失败是因为以哲学社会科学为主要内容的意识形态上的大溃败。"卫星上天"与"红旗落地"

并存，充分证明了习近平总书记的一个重要论断，即一个国家的发展水平，既取决于自然科学发展水平，也取决于哲学社会科学发展水平。一个没有发达的自然科学的国家不可能走在世界前列，一个没有繁荣的哲学社会科学的国家也不可能走在世界前列。

当代西方发达资本主义国家的自然科学与技术最为发达，可是自然科学与技术在改变人们生产方式和生活方式的同时，也在不断使人类和人类社会自食苦果。在总体生活水平提高的同时，自然环境不断恶化，生态问题、人口问题、资源问题突出，以及城市化、市场竞争激烈带来的道德危机、价值失范和心理疾病增多，使人们认识到仅仅依靠自然科学与技术发展并不能实现幸福生活的理想。科学技术发展中的一些基本价值问题，如可持续发展问题、克隆技术中的道德问题、人工智能发展边界问题等，仅仅依靠自然科学与技术自身不可能从理论和实践上得到解决。这些问题的提出和发现，其解决的可能性和解决方式，都依赖于发展哲学社会科学。没有哲学社会科学的参与和研究，单凭发展自然科学与技术不可能解决人类面临的困境。

当然，我们也有深刻的教训。在新中国成立之初，我们不适当地取消了一些可以通过改革提高发展的哲学社会科学学科，包括社会学、人口学、政治学等，造成这些学科在我国很长一段时间处于空白期；而在"文化大革命"中，哲学社会科学由于"左"的路线影响，对当代资本主义社会的认识、对社会主义社会的认识、对社会主义社会发展阶段及其与共产主义相互关系的认识，以及对一系列重大理论问题如生产力与生产关系相互关系规律、阶级斗争规律等的认识，思想模糊，理论界限不清。实际工作中的一些错误包括政策性错误，不能说与对哲学社会科学中若干重大理论问题认识的混乱无关。

我们党的历届领导人对自然科学与哲学社会科学同等重要的问题都做过重要论述。有关部门也通过加大经费投入和其他多种方式，积极推动我国哲学社会科学发展，并取得了重大成就。毋庸讳言，在变化着的新的经济社会条件下，哲学社会科学发展仍然存在诸多问题。社会主义市场经济的确立，对我国经济发展起了极大推动作用。但这只"看不见的手"，也会以巨大的力量对我国哲学社会科学学科及其工作者发挥"指挥棒"作用。市场经济是以货币为中介的经济，在市场经济条件下货币是普遍的等价物。市场经济对货币的崇拜容易滋生拜金主义，也会对哲学社会科学及其工作者产生不良影响。我们强调我国实行的是社会主义市场经济，就是要通过正确处理政府与市场的关系，保证市场经济的正确走向。当前，马克思主义在一些地方和领域被边缘化，一些基础学科尤其是文史哲学科被冷落，主要是由于某些部门和理论工作者单纯追求经济效益而轻视社会效益造成的。在文化和出版事业中，劣币驱逐良币的现象并不罕见；在学术研究领域，急功近利、学风不正的现象也时有耳闻。这些都不利于中国特色哲学社会科学的繁荣，不利于出精品力作，不利于出人才，这些都是我们在发展社会主义市场经济中必须高度关注和大力解决的问题。我们有理由相信，随着社会主义市场经济更加完善和成熟，自然科学技术与哲学社会科学比翼双飞、相互推动的盛况一定能出现。

二、哲学社会科学是治国理政的重要思想资源和重要手段

治国理政与武装夺取政权的道路和方法是不同的。《史记》中记载了陆贾与刘邦关于如何治天下的一段对话："陆生时时前说称《诗》《书》。高帝骂之曰：'乃公居马上而得之，安事《诗》《书》!'陆生曰：'居马上得之，宁可以马上治之乎？且汤武逆取而以顺守之，文武并用，长久之术也!'"可见，马上得天下，不能马上治之，这是中国的一条历史经验。刘邦听取了陆贾的建议，重用叔孙通制定政治礼仪制度，依靠萧何等人参照秦朝法律制定《汉律九章》。汉朝之所以能成为中华民族发展史上里程碑式的王朝，应该说与刘邦醒悟到"马上得天下，不能马上治之"不无关系。

其实，何止中国历史，世界历史也是一样。尽管英国资产阶级革

命、法国资产阶级革命、美国独立战争各有特点，但当资产阶级取得政权后，同样面临如何建立制度和法律的问题。他们从霍布斯、洛克、伏尔泰、孟德斯鸠、卢梭、狄德罗、爱尔维修、潘恩、杰弗逊、汉密尔顿等一批资产阶级先进思想家那里吸取思想和理论，形成了反映资产阶级政治诉求的思想和观点，制定了有利于维护资产阶级长期统治的政治制度和法律制度。恩格斯曾经称赞文艺复兴时期的那些思想家，说他们是"给现代资产阶级统治打下基础的人物"。

在人类社会发展中，任何为取得政权而进行的革命，任务都比较单一、时间相对短暂。越是激烈的、暴风骤雨般的革命，时间越短。然而，治理国家和社会是长期的，必须有一套治国理政的思想理念和观念，要逐步完善各项制度和法律。无科学制度、无完善法律的统治，必然失败。无论是建都南京的太平天国，还是占领北京的李自成农民军，他们在短暂胜利后的败亡，都说明了这一点。因此，毛泽东同志在1949年党的七届二中全会报告中说，夺取全国的胜利，这只是万里长征走完了的第一步，只是序幕。中国的革命是伟大的，但革命以后的路程更长，工作更伟大、更艰苦。熟知中国历史的他，把取得政权只看成序幕，一定也认识到治国理政和制度化建设比夺取政权更加困难、更加重要。

我们不仅要从中外历史中吸取经验，还要从中华优秀传统文化中汲取智慧。中国是有五千多年文明史的国家，有长期的治国理政与睦邻安邦的经验。从对外的角度看，中国人自古就推崇"协和万邦""亲仁善邻"；而从对内的角度看，则倡导以民为本、安民富民乐民，为政以德、清廉从政、勤勉奉公。中华优秀传统文化中丰富的哲学思想、人文精神、教化思想、道德理念等，都可以为我们治国理政提供有益启示，也可以为道德建设提供有益启发。

当代中国是中国共产党领导的社会主义国家。新中国成立后，我们就开始了从夺取政权到治国理政的根本性转折。尤其是改革开放以来，我们在一个拥有13亿多人口的大国进行中国特色社会主义建设，正在为实现"两个一百年"奋斗目标、实现中华民族伟大复兴而努力。中国特色社会主义建设是一项前无古人、史无先例的伟大事业。我们面对的是新的时代、新的国际条件，而且我国经济社会发展是一个复杂的有机体，不仅包括要正确处理人与自然关系、人与社会关系，而且包括经济建设、政治建设、文化建设、社会建设、生态文明建设等诸多方面。面对如此复杂的社会问题、如此辉煌艰巨的事业，一定要坚持以马克思主义为指导，通过哲学社会科学多种学科、交叉学科、新兴学科研究提供创造性研究成果，为决策部门的顶层设计提供理论支撑。

当代中国马克思主义是在解决时代问题中不断发展的。从发展是硬道理到科学发展观，再到创新、协调、绿色、开放、共享的发展理念；从一部分人先富起来，到强调共同富裕、依法治国、公平正义，我国经济社会发展每向前跨出一步，都会有不少理论问题需要论证和研究。可以说，中国特色社会主义道路是走出来的，不走就没有道路，也不叫中国道路。中国道路在特定阶段虽然没有详细的"路线图"，但我们有"导航仪"，那就是马克思主义。其中包括辩证唯物主义和历史唯物主义、马克思主义政治经济学和科学社会主义及其在当代中国的发展，也有各门社会科学研究新成果的理论支撑。这是中国共产党不会走僵化保守的老路、不会走改旗易帜的邪路、不断加强治国理政的制度建设和能力建设、沿着既定目标前进的思想理论保证。

习近平总书记对不断加强治国理政制度建设和能力建设极为重视。他强调："必须适应国家现代化总进程，提高党科学执政、民主执政、依法执政水平，提高国家机构履职能力，提高人民群众依法管理国家事务、经济社会文化事务、自身事务的能力，实现党、国家、社会各项事务治理制度化、规范化、程序化，不断提高运用中国特色社会主义制度有效治理国家的能力。"①这是一项艰巨而复杂的任务。中国共产党通过革命夺取政权花了28年，但花了60多年进行社会主

---

① 《习近平谈治国理政》，第104页，北京，外文出版社，2014。

义的制度探索和建设实践。我们有过教训，也积累了经验。近几十年来取得了伟大成就，但也遇到不少问题。当前，改革已进入攻坚期和深水区，要把治国理政的成功经验制度化、规范化、程序化，把顶层设计搞得更科学、更全面，经得起实践检验、经得起历史考验，必须繁荣发展哲学社会科学。因为改革发展每前进一步遇到的问题，都既是实际问题也是理论问题。实际问题应成为理论研究的导向，而理论研究的最新成果应成为解决实际问题的钥匙。

对担负不同方面工作的领导干部来说，应具备相应的哲学社会科学知识。各级领导干部是否具有哲学社会科学知识和素养，对于中国特色社会主义建设至关重要。不懂经济学理论的人管理经济，不懂文化理论的人管理文化，不懂管理学理论的人管理大型企业，不懂环境理论的人领导环境保护工作，都是搞不好工作的。有些领导干部不是不想干好，不是不想把一个地方或一个部门治理好，而是没有马克思主义的理论思维和适应工作任务的哲学社会科学知识和素养，不知道如何干。正因为如此，面对复杂多变的国际形势，面对自己承担的艰巨任务，或者"乱治"，或者陷入"无为而治""懒政""惰政"，陷入无计可施、无路可走的困境。恩格斯说过，只有清晰的理论分析才能在错综复杂的事实中指明正确的道路。这个论断，值得天天忙于事务而轻视理论工作的领导干部认真学习和思考。

三、哲学社会科学工作者要为党和人民述学立论、建言献策

　　哲学社会科学不可替代的重要地位，决定了哲学社会科学工作者应充分认识自己的社会使命和责任。无论从事哲学社会科学某个专业的研究，还是从事哲学社会科学教学，只要是哲学社会科学工作者，就是中国特色哲学社会科学体系建设的主体，就承担着加快构建中国特色哲学社会科学体系的历史使命。

　　作为哲学社会科学工作者，我们的价值、作用和责任、贡献就体现在为之献身的中国特色社会主义伟大事业中。构建当代中国哲学社会科学话语体系，是中国哲学社会科学工作者的一项战略任务。话语权的核心是有理论支撑、有具体内涵的概念或范畴，而不是单纯的词语。中国哲学社会科学话语体系的内核，本质上是马克思主义理论体系，是中国特色社会主义理论体系通过特定话语的表达方式。如果离开马克思主义和当代中国马克思主义，所谓话语就只是一个词或词语，而且是可以表达不同内涵的词语。如自由、民主、人权、公平、正义，可以存在于各种语言中。任何人都能够应用、能够做各种解释的，不算话语而是词语；当它成为特定阶级、集团或不同政治实体使

用的话语时，必定是由某种理论支撑，表达某种利益、要求或意愿，具有特定内涵的词语。因此，关于话语内涵的争论甚至斗争，不是概念的争论，不是词语的争论，而是不同理论的斗争，是对具有某种政治和意识形态内涵的话语权的争夺。

有些人总觉得为中国特色社会主义建设服务、为广大人民服务没有学术水平，没有品位，没有个性。只有"为什么而什么"，诸如"为文学而文学""为艺术而艺术""为哲学而哲学"，总之，"为学术而学术"，才叫水平、叫学术。似乎哲学社会科学工作者的工作没有服务对象，没有社会使命，只是为了满足自己的爱好和兴趣。这种看法是错误的。毫无疑问，研究工作需要有个人的爱好和兴趣、需要激情。没有个人爱好和兴趣，赶着鸭子上架是不行的，也是不可能获得成就的。但爱好和兴趣可以成为研究的推动力，而不是研究的目的。学术研究需要自由，需要宽松的环境，需要鼓励大胆探索。没有创新精神，不突破旧的思想理论和观念，永远在思想僵化的笼子里研究，就不可能有新成果、新见解。不断重复虽然保险，但不可能创新。大家都走的路是平安大道，但不会看到新的风景。学术研究的目的在于追求真理，而独立之思想、自由之精神是追求真理、大胆探索创新、平等讨论的必要条件。这种学术自由本质上是学术民主和学术主体性能动性的充分发挥。但学术自由不能理解为可以任意发表各种奇谈怪论

文化自信中的传统与当代·下篇

的自由，可以向真理发起进攻的自由。有人宣称中英鸦片战争的责任在中国，不拒绝鸦片贸易就不会有战争；鸦片战争打的是腐朽的清朝统治者，而不是中国人民。按照此说，从1840年起多次列强入侵，打的都是统治者而与中国人民无关，瓜分的都是统治者的国土而与中国人民的家园无关。我们还曾听到有的论者说：越是爱国主义越是卖国主义，越是卖国主义越是爱国主义。发表这种"高论"如果也叫学术自由，这种"学术自由"还是少点为妙。这是伪学术自由，是向学术真理进攻时的掩体和防身的盔甲。

学术为个人服务、自娱自乐的观点仿佛很高尚，其实是高尚掩盖下的低俗。英国哲学家罗素讲过一段很有意思的话。他在谈到史学能够而且应该为一般读者做些什么时说，我并不认为历史是为历史学家写的，我一直认为历史是受过教育的人的学问的一个基本组成部分；我并不认为诗歌只应由诗人朗诵，也不认为音乐只应由作曲家聆听。这位大哲学家的话是对的。哲学著作并不是一个哲学家为另一个哲学家或另一群哲学家写的，小说也不是某个作家为另一个作家或另一群作家写的。没有听众的音乐，正如没有人阅读的小说一样，等于零。如果学术研究超不出学者自己的学术圈子，哲学文章和著作只是自己的独白，或至多是少数哲学家的对话，这种学说又有多少意义呢？中国特色哲学社会科学应该有自己的社会功能，有自己肩负的使命。因此，我们应超出自我，超出自己的小圈子，面对社会，面对民族，甚至面对世界。在当代中国，应该为中国特色社会主义建设、为中华民族伟大复兴服务。这是为历经百年沧桑、饱受侵略者凌辱的千千万万中国人民服务，而不是为个人服务，这种服务无上光荣。这是我们哲学社会科学工作者不可替代的原因。如果社会主义中国的哲学社会科学工作者没有服务意识，无视广大人民的根本利益，无视中国特色社会主义建设事业的需要，只是单纯满足个人的需要，这样的哲学社会科学工作者，可以说"有你不多，无你不少"。

现在有些人喜欢讲中国传统文化中士的传统和担当精神，并借题说事，似乎谁是"体制内"的知识分子，谁就是依附权贵，就是没有中国传统士的独立精神。其实，真正中国传统知识分子或士，也就是儒家讲的君子，是有标准的，这就是讲气节、敢担当。无论是《论语》中的"士不可以不弘毅，任重而道远"，还是《吕氏春秋》中的"士之为人，当理不避其难，临患忘利，遗生行义，视死如归"，都是对士的要求。张载的"为天地立心，为生民立命，为往圣继绝学，为万世开太平"，已把中国读书人的责任提高到无可再高的地步。这才是中国传统士人的精神。

思想自由是最具吸引力、最为人们赞赏的。思想自由的本质在于思考的自由。没有人能强迫人或禁止人思考。孔子说过，"三军可夺帅，匹夫不可夺志"。思想最具创造力，最需要独立思考，反对禁锢。但思想自由的目的是发挥思考的创造力和创新力，发挥个人意志的能动性和爆发力。思想自由与责任不可分。有一分自由，就要承担一分责任。要自由而不要责任，不是自由而是特权。英国剧作家萧伯纳说过，"自由意味着责任，这就是为什么大多数人惧怕它的原因"。但思想自由一旦为某种势力或利益集团所独享，变为它们的工具，就不再属于思想自由范围，而是属于思想特权范围。这时，评价的标准已经不再是抽象的自由概念，而是真理。谁占有真理，谁就拥有最大的思想自由。思想自由的合理界线和责任当然应由法律规定，而不由某个人的主观意志规定。学术自由与责任的联结点是法律、是法治；学术自由与追求真理相结合，这就是学者的责任和良心。

一些人乐于谈论西方自由主义知识分子，认为他们是在倡导自由。其实，他们倡导的是资本主义的自由，任何反对资本主义的观点和行为都被视为反对自由。这种所谓自由主义知识分子，实际上是资本主义制度的卫道士，是资本主义理想的崇拜者。无论是《通往奴役之路》，还是《开放社会及其敌人》《历史的终结》，捍卫什么，反对什么，清清楚楚。当然，以西方自由主义为旨归的所谓自由主义知识分子，在社会主义中国没有合适的生长土壤。近年来，面对西方吹来的新自由主义之风，附和者或倡导者也多有所见。不过在当代中国，这也只能算是枝头蝉鸣，很难组成一个庞大的合唱乐队，因为这不符合中国人民的根本利益。

我们处在建设中国特色社会主义的伟大时代，这是一个能够产生也应该产生伟大思想家和理论家的时代，中国的哲学社会科学工作者有展现自己才能的广阔天地。同时，我们又处在一个充满物质利益诱惑和多种社会思潮碰撞的时代。我国哲学社会科学工作者要有坚定的立场、鲜明的旗帜、辨别理论是非的能力，还要有锲而不舍的钻研精神。马克思说过："在科学上没有平坦的大道，只有不畏劳苦沿着陡峭山路攀登的人，才有希望达到光辉的顶点。"[①]这应该成为我们所有哲学社会科学工作者的座右铭。

---

① 《马克思恩格斯文集》第 5 卷，第 24 页，北京，人民出版社，2009。

图书在版编目（CIP）数据

文化自信中的传统与当代／陈先达著. —北京：北京师范大学出版社，2017.8 （2022.7 重印）

ISBN 978-7-303-22400-5

Ⅰ.①文… Ⅱ.①陈… Ⅲ.①中国特色社会主义 – 文化化事业 – 建设 – 研究 Ⅳ.①G12

中国版本图书馆 CIP 数据核字（2017）第 118399 号

营 销 中 心 电 话 010-58805072 58807651
北师大出版社高等教育与学术著作分社 http：//xueda. bnup. com

WENHUA ZIXIN ZHONG DE CHUANTONG YU DANGDAI

出版发行：北京师范大学出版社 www. bnup. com
　　　　　北京市西城区新街口外大街 12–3 号
　　　　　邮政编码：100088
印　　刷：北京盛通印刷股份有限公司
经　　销：全国新华书店
开　　本：890 mm×1240 mm　1/32
印　　张：9. 25
字　　数：180 千字
版　　次：2017 年 8 月第 1 版
印　　次：2022 年 7 月第 8 次印刷
定　　价：48. 00 元

策划编辑：祁传华　　　　　责任编辑：祁传华
美术编辑：土齐云　　　　　装帧设计：王齐云
责任校对：陈　民　　　　　责任印制：赵　龙